**같은 말도
듣기 좋게**

만나면 기분 좋아지는 사람의
말하기 비밀

히데시마 후미카 지음
오성원 옮김

같은 말도
듣기 좋게

위즈덤하우스

듣기 좋고 기분 좋은 말하기,
지금 시작합니다!

☺ 언뜻 보면 사교적으로 보이지만 사실은 낯가림이 심하고, 대인 공포증이 있는 라디오 DJ를 보신 적이 있나요? 바로 예전의 제가 그랬습니다.

스튜디오에 들어가 견고한 이중문을 닫으면 외부의 소리는 완전히 차단되고 조용한 공간 안에 혼자 남겨집니다. 라디오의 오프닝 테마곡이 흘러나오면 프로듀서가 창문 너머에서 큐 사인(시작 신호)을 줍니다. '시작한 건가?', '지금인가?' 하며 기다리는 20초 동안 도망치고 싶어집니다. '나는 도대체 왜! 이렇게 긴장되는 일을 하고 있는 걸까!'라며 마음속으로 외치게 되지요. 스톱워치를 들고 있는 왼손이 떨리고, 마이크를 켜는 오른손도 떨려옵니다. 심장 소리가 옆 사람에게까지 들리는 것은 아닌지, 몸 안의 피가 엄청난 속도로 돌고 있는 것은 아닌지 하는 생각이 들면 더는 어찌할 방법이 없습니다. 몸도 마음도 제멋대로 움직이는 상태가 되어버리고 맙니다.

이제는 시간이 많이 흘러 전혀 긴장하지 않을 때도 됐건만, 지금도 사람을 만날 때면 가슴이 울렁거립니다. 다만 이제는 긴장도 조절할 수 있게 된 것이 달라진 점이지요.

여러분은 어떻습니까? 사람들과 대화를 나누는 일에 자신이 있습니까? "네, 자신 있습니다!"라고 답하는 사람이 있다면 아주 훌륭합니다. 그러나 발표를 할 때 목소리가 떨린다거나, 사람들 앞에서 자기소개를 하는 것만으로 머릿속이 백지가 된다거나, 준비한 말을 반도 못했다고 울상을 짓는 사람들의 목소리가 들려오는 듯합니다. 어떤 기분인지 잘 압니다. 저 또한 그랬습니다.

사람을 만나는 일은 늘 불안합니다. '오늘은 어떤 사람과 대화를 나누게 될까?', '혹시라도 바보 같은 말을 하지는 않을까?', '마치 지뢰를 밟은 것처럼 온몸이 굳어버리진 않을까?' 아니면 '아무 말도 못 하고 어색한 침묵만 흐르게 되면 어떻게 하지?' 걱정거리가 하나둘씩 생겨납니다.

저는 어릴 적에 대인공포증이 있었습니다. 수업 시간에 선생님이 이름을 부르면 무릎이 후들후들 떨리고, 친구들 앞에서 글짓기를 발표해야 하는 날 아침에는 갑자기 배가 아파 양호실에 가야 할 정도였습니다. 이렇게 두려움으로 가득찬 저를 구해준 것이 바로 라디오였습니다.

어른이 되어 동경하던 라디오 세계에 겁 없이 뛰어든 신인 DJ 시절, 저는 여전히 누군가 앞에 서면 긴장하고야 마는 충격적인 저의 모습을 다시 마주했습니다. 발음이 꼬이거나 대본을 다르게 읽고, 해야 하는 말을 잊어버린다거나 갑자기 생뚱맞은 질문을 하는 등 계속되는 실패를 겪으면서 이 일이 저와 맞지 않을지도 모른다는 생각에 상심한 적도 있습니다. 선배들에게 이런 고민을 털어놓으면 괜찮다고, 익숙해지면 다 잘하게 되어 있다고 말할 뿐이었습니다. 그런 말을 들을 때면 속으로 '누군들 그런 말은 못 하겠어!'라고 생각하는 동시에, 생방송을 즐기면서 물 흐르듯이 말을 하는 선배, 동기, 후배들을 보면서 주눅이 들었습니다.

그러나 라디오의 신은 존재했습니다.

타고나길 부정적인데다 메모광인 저는 실수를 할 때마다 메모를 하기 시작했습니다. 반성할 점이 하나둘 늘어나는 동안 '익숙해지겠지' 하는 불명확한 감각에 기대기보다는, '이렇게 해보면 될 것 같은데?' 싶은 깨달음을 얻는 데 집중했습니다.

DJ라는 직업은 방송국에서 불러줘야만 지속할 수 있습니다. 그렇기 때문에 다음 분기에 "지금까지 고생 많으셨어요"라는 말을 듣게 될지도 모른다는 불안감을 늘 가지고 있습니다. 하루라도 오래 라디오를 하고 싶다는 일념 하나로, 마이크 앞에 계속 앉을 수 있는 방법을 필사적으로 생각했습니다. 매일 스튜디오에서 실험과 실패를 거듭한 끝에 긍정적인 변화를 끌어내는 요령을 터득해 나갈 수 있었고, 결국 '그래, 바로 이거였어!'라는 깨달음을 얻었습니다.

사랑해 마지않는 라디오 세계에 뛰어든 지 어느새 20년이 흘렀습니다. 저는 이 책에 소개한 법칙들 덕분에 지금까지 살아남을 수 있었습니다.

소개한 법칙 중에서 가장 중요한 점을 한마디로 표현하자면 '만나면 기분 좋은 사람이 되는 말하기'라고 할 수 있습니다. 다시 말해 같은 말을 해도 듣기 좋게, 충고와 조언도 칭찬처럼, 처음 만난 사람에게 불편함을 끼치지 않고, 마음의 거리를 좁히는 따스한 한마디를 건네는 것이 중요합니다. 편안한 분위기에서 대화를 나누고 까다로운 상대와도 원하는 만큼의 대화를 나누는 일은 모두 기분 좋은 한마디에 달려 있습니다.

아무런 준비도 없이 일단 대화를 시작한 뒤 임기응변식으로 대처했던 신인 시절에는 셀 수 없을 정도로 많은 실수를 저질렀습니다. 아무런 준비도 하지 않는다면 기분 좋은 분위기를 만들기는커녕 정신적으로 피곤해질 뿐이고, 때론 오해로 얼굴을 붉히기도 합니다. 상대에게 휘둘리기보다 우선 상대를 제대로 마주하고, 자신이 먼저 대화의 분위기를 만들어보면 어떨까요. 필요한 것은 기분 좋은 생각, 쉽지만 긍정적인 단어, 다정한 시선, 간단하고 사려 깊은 메모한 장이면 됩니다. 기분 좋은 대화는 가벼운 다짐과 간단한 습관만으로도 금세 만들 수 있습니다.

다시 한 번 말하지만 걱정하지 않아도 됩니다. 커뮤니케이션에 자신이 없는 것은 어쩌면 당연합니다. 라디오 DJ로 살아오면서 '이 한마디로 기분 좋은 대화를 나눌 수 있겠구나' 생각했던 작은 발견들을 저와 같은 고민을 하는 여러분에게 전하고 싶습니다. 특별한 준비가 없어도 '정말 간단하잖아!', '어디 나도 한번 해볼까?' 웃으며 실천할 수 있는 내용들을 담았습니다. 편하게 분위기를 주도하고, 늘 웃는 얼굴로 사람을 대하는, 다시 만나고 싶어지는 매력적인 인물들의 모습도 함께 담았습니다.

지금부터 여러분의 답답한 마음을 한결 편안하게 해주는 듣기 좋은 대화의 비밀을 소개하도록 하겠습니다.

차례

☺ 제1장 같은 말도 듣기 좋게!

☺ 제4장 다시 만나고 싶은 사람이 되려면

☺ 제5장 언제 어디서도 통하는 대화 소재는 따로 있습니다

제1장

같은 말도
듣기 좋게!

서로의 긴장을 풀어주는
눈맞춤의 힘

☺ 타고나기를 낯을 많이 가리고 쉽게 긴장하는 제가 라디오 DJ가 된 후부터 아무리 마음에 여유가 없더라도 지켜보고자 다짐한 원칙이 있습니다. 바로 '게스트가 편안하게 이야기할 수 있는 분위기'를 만드는 것입니다.

라디오국은 제게 유리한 홈그라운드지만 게스트에게는 낯선 장소입니다. 함께하는 제작진도 제게는 속속들이 잘 아는 동료지만, 게스트에게는 처음 만나는 사이인 경우가 대부분입니다. 그런 장소에서는 연예계에 잔뼈가 굵은 베테랑이라도, 아무리 경험이 풍부한 경영자라도 긴장하기 마련입니다. 그렇기 때문에 오늘 이 자리에서 만날 수 있어 진심으로 기쁘다는 마음을 전하며 상대방의 긴장을 풀어주려고 노력합니다.

이때 가장 중요한 것이 처음 눈과 눈을 마주치는 순간입니다. 눈과 눈이 마주쳤을 때 어떻게 하면 '아, 환영받고 있구나', '이 사람과 함께라면 즐겁게 대화를 나눌 수 있겠다'라는 생각이 들게 할 수 있을까요?

예를 들어, 이런 장면을 상상해보길 바랍니다. 여행지에서 그날 머물 호텔에 도착했습니다. 체크인을 위해 프런트로 향합니다. 프런트 직원은 "어서 오십시오. 체크인하시겠습니까?"라고 말하지만, 시선은 컴퓨터 화면에 고정되어 있습니다. 미소는커녕 눈조차 마주치지 않습니다. 그런 상황에서는 '제대로 하고 있는 거 맞아?', '갑자기 기분이 좀 나빠지는데' 같은 불쾌한 감정과 함께 불안한 마음이 생깁니다. 긴장감을 높이는 방법은 이렇게 간단합니다. 그저 눈을 맞추지 않으면 됩니다.

혹시 2016년 미국 대통령 후보의 토론회 장면을 기억하는지요? 토론도 넓은 의미에서 '대화'의 한 종류라고 할 수 있지만, 토론은 다른 대화와 다르게 긴장감을 높이는 구조가 형성되는 점이 상당히 재미있습니다.

도널드 트럼프와 힐러리 클린턴 후보는 여유로운 모습으로 회장에 모습을 드러냈지만, 막상 토론이 시작되자 서로 눈을 마주치려 하지 않았고 토론이 끝난 후에는 악수도 나누지 않은 채 회장을 빠져나갔습니다. 토론을 지켜보는 입장에서는 손에 땀을 쥐는 한 편의 쇼를 본 듯한 기분이었지만, 동시에 눈을 마주치지 않거나 악수를 하지 않는 행동이 사람의 경계심과 반항심을 잘 보여주는 신체 언어라는 사실을 새삼 깨달았습니다.

군이 토론회 같은 분위기를 상상하지 않더라도 서로 눈을 흘기고 언성을 높이는 '긴장의 소용돌이'는 생각만으로도 몸서리가 쳐질 정도입니다. 여담이지만, 이 토론회에서 괜히 프로가 아니라며 감탄한 것은 다름 아닌 트럼프에게 계속해서 질문 타이밍을 뺏긴 사회자, 크리스 월러스였습니다. "잠깐만요. 저는 화분 받침이 아닙니다. 여기에 있는 이상 질문을 하게 해주십시오!"라는 그의 유머 섞인 투정에 저도 모르게 웃고 말았습니다.

어떤 상황의 긴장을 푸는 대화나 주제를 '아이스브레이크Ice Break'라고 합니다. 무엇보다 효과적인 아이스브레이크는 시선과 미소라고 생각합니다. 여러분 중에는 부끄러움이 많아서 사람과 눈을 맞추는 일 자체를 어려워하는 사람도 있습니다. 저도 낯가림이 심했기 때문에 그 기분을 매우 잘 압니다. 그렇지만 부드럽게 눈과 눈을 맞추는 일은 서로에게 앞으로 이어질 대화를 잘 부탁한다는 의사 표시입니다. 눈을 마주치기 위해 무리하게 시선을 따라갈 필요는 없습니다. 그저 상대방이 자신 쪽으로 시선을 돌렸을 때 가볍게 미소로 답할 수 있다면, 그걸로 충분합니다. 그러니 눈을 맞추는 일만큼은 용기를 내서 꼭 시도해봤으면 좋겠습니다.

또 한 가지 깜빡하기 쉽지만 중요한 포인트는 '눈높이'를 맞추는 것입니다. 게스트가 들어올 때 저는 스튜디오 안에 있는 DJ 부스 안 쪽에 앉아 있습니다. 그 상태로 게스트의 얼굴을 쳐다보면 밑에서 올려다보는 모양이 되고 반대로 상대방은 내려다보게 됩니다.

사람을 맞이할 때는 자리에서 일어서는 것이 기본적인 예의이기도 하지만, 역시나 시선이 같은 높이에 있으면 물리적으로도 심리적으로도 거리가 가까워집니다. 바로 '가까움'이 중요합니다. 어린아이에게 말을 걸 때 허리를 숙여 눈을 맞추는 이유와 같습니다. 어른들끼리도 눈을 맞추면 역시 안심이 됩니다.

청취자는 라디오 안의 모습을 보지 못하지만, 스튜디오 안에서는 꼭 눈을 맞추며 방송을 진행합니다. 서로의 눈을 바라보며 대화를 나누면 분위기도 한결 부드러워지는 것을 느낄 수 있습니다.

💬 친절한 비밀 노트
부드러운 눈맞춤은 상대는 물론 나의 긴장도 풀어준다.

좋은 인상을 주는 사람은
만나기 전부터 기분이 좋다

☺ '첫인상은 3초 안에 정해진다'라는 말이 있습니다. 미국의 프린스턴 대학교에서 진행한 연구에 따르면 상대방의 얼굴을 보고 호감이나 신뢰 등을 느끼는 데 걸리는 시간은 겨우 0.1초라고 합니다. 이 연구 결과를 통해 지금까지 혼자 막연하게 느꼈던 것이 단번에 확실해졌습니다.

라디오 방송국의 스튜디오는 DJ 부스와 조정실로 분리되어 있습니다. DJ 부스는 한 면이 유리로 되어 있어서 조정실에서 안쪽을 볼 수 있습니다. 그리고 DJ도 부스 안에서 유리 너머로 조정실의 움직임과 게스트가 들어오고 나가는 모습을 살필 수 있습니다. 생방송으로 진행되는 날에는 게스트가 오기 전 부스 밖 상황에 주의를 기울이며 게스트가 조정실로 들어오는 모습을 주시합니다. 이때 방송이 잘 풀릴 것 같은 예감이 드는 게스트에게는 한 가지 특징이 있습니다. 바로 얼굴에 미소를 띠고 들어선다는 것입니다.

대화는 게스트가 이중문을 열고 부스에 들어왔을 때부터 시작되므로, 방송 때문이라면 미소는 부스에 들어와서 지어도 충분합니다. 하지만 각계를 대표하는 거물급 게스트일수록 방송 시작 전부터 기분 좋은 미소를 보이며 들어오는 경우가 많습니다. 억지로라도 기분이 좋은 상태를 유지하려는 사람도 많습니다. 유리창 너머로 눈을 맞추고 가볍게 웃는 시선만으로도 잘 부탁한다는 메시지가 전해집니다. 바로 그 짧은 순간에, 곧 시작할 대화에 대한 기대가 높아집니다.

멀리서 짓는 미소만으로도 0.1초 만에 상대방에게 신뢰를 줄 수 있다는 것은 다른 말로 무엇을 의미할까요? 상대를 불안하고 불쾌하게 만드는 데도 0.1초의 시간이면 충분하다는 뜻입니다. 노래를 부를 때도 첫 음이 조금이라도 늦으면 듣는 사람은 어리둥절해집니다. 사람과 만날 때 미소의 타이밍도 이와 비슷합니다. 노래에 비유하자면 문을 열기 직전까지는 전주 부분이라 할 수 있습니다. 그러므로 상대와 즐거운 대화를 나눌 준비가 되어 있다면, 문을 연 순간에 상대방에게도 그 마음이 그대로 전해져서 안도감을 주게 됩니다.

수줍음이 많은 사람 중에는 미리 방어적인 태도를 보이거나 무뚝뚝하게 행동하는 사람이 의외로 많습니다. 그로 인해 의도와 다르게 무서운 이미지가 생기거나 어느 순간 대하기 까다로운 사람이 되어 있기도 합니다. 드라마나 영화에서는 무서운 인상을 한 사람이 조금이라도 착한 일을 하면 아주 좋은 사람처럼 보이는 효과가 있지만, 현실에서는 그러한 효과를 노리기에는 무리가 있습니다. 그리고 무엇보다 대화를 나누기까지 시간이 허비되는 느낌이 듭니다. 이런 까닭에 저는 처음부터 가식 없이 솔직하고 기분 좋게 대화를 나누고자 합니다.

첫인상은 인사를 나누기 전에 이미 정해집니다. 이제껏 제가 만난 호감도가 높은 사람들은 이 사실을 감각적으로 알기 때문에 저를 만나기 전에, 어쩌면 라디오국에 들어오기 전부터 기분 좋은 상태를 유지하려고 노력했을지 모릅니다.

저 역시 그들의 모습을 배우고 싶다는 생각이 듭니다. 첫인상은 단 한 번뿐입니다. 시곗바늘은 0.1초도 되돌릴 수 없기 때문입니다.

💬 친절한 비밀 노트
멀리서 짓는 미소만으로도 기분 좋은 첫인상을 만들 수 있다.

즐거운 대화를 시작하는
마법의 문장

☺ 초등학교 6학년 때 저는 '마법의 단어'를 배웠습니다. 아버지의 일을 따라 뉴욕으로 건너갔을 때의 일입니다. 두 살 터울의 남동생과 저는 지역 공립학교에 입학했습니다. 각오는 했지만 언어의 벽은 높았습니다. 축구공 하나만 가지고 쉽게 친구를 사귀었던 동생과 달리, 저는 학교에 적응하지 못했습니다.

일본의 초등학교 6학년은 미국에서는 중학교 1학년에 해당합니다. 바야흐로 사춘기 1년생. 같은 반 아이들은 반에서 좋은 위치를 차지하는 데 필사적이었습니다. 어른스럽게 보이는 아이들 사이에 아무렇지도 않게 끼어들기는 어려웠고, 그렇다고 해서 '나는 나'라며 고고한 체하기에는 아직은 어린 아이였습니다. 지나친 자의식에 빠져 오늘도 한마디도 못하는 것은 아닐까 하는 생각에 날마다 배가 아픈 열두 살 소녀. 그래도 한 달쯤 지나자, 같은 반 친구들이 나누는 대화가 귀에 들어오기 시작했습니다.

"I like your hair(네 머리 스타일 마음에 든다)!"

'아이 라이크 유어 헤어? 라이크는 좋아하다, 헤어는 머리카락… 그리고 보니 머리 모양이 저번 주와 달라졌구나. 주말에 미용실에 다녀왔나 보네. 그래! 지금 머리 모양이 예쁘다는 말을 하고 있구나!' 그때부터 의식하고 보니 미국의 여자아이들은 칭찬을 매우 잘했습니다.

"I like your shirt(네 셔츠 정말 예쁘다)!"

"Thanks(고마워)!"

그러던 어느 날. 반 친구 한 명이 제게 말을 걸어왔습니다.

"I like your pencil case, Cool(좋은 필통이네, 멋있다)!"

그 친구가 관심을 보인 것은 일본에서 가지고 온 다기능식 필통이었습니다. 여러 부분이 튀어나오기도 하고 뚜껑을 밀어서 열 수도 있는 필통이었는데 어쩌면 변신 로봇 같다고 생각했던 것일지도 모릅니다.

"때, 땡큐 베리 머치!"

여러 명이 다가와 제 필통을 구경하며 만지기도 했습니다. 이 일을 계기로 친구들과 대화를 나누는 일이 늘어났습니다.

'아이 라이크 유어 ○○'은 기분 좋은 대화를 시작하는 마법의 주문입니다. 이때의 '라이크'는 우리말로 '좋은데!'와 같은 의미입니다. 셔츠 색이나 실용적인 펜 등 사소한 무엇이라도 좋습니다. 중요한 것은 이 긍정의 의미를 소리 내어 말로 전하는 일입니다. 왜냐하면 상대방에게 관심이 있다는 사실을 나타내는 의사 표현이기 때문입니다. 부끄러워서 대놓고 상대방을 칭찬하기 어려운 사람이라면 이 문장을 사용해보기를 바랍니다.

"헤어스타일 바꿨어요?"

간단하지만, 상대방에 대한 관심을 표현한 말입니다. 만약 그렇지 않다는 대답이 돌아오더라도 "아, 그래요?"라고 말을 받은 뒤, 한 단계 적극적인 질문을 해보세요.

"어딘가 좀 달라졌는데. 이상하네."

"미용실에 갈 때가 되긴 했는데 요즘 계속 바빠서 갈 시간이 없어요."

이와 같이 사소하지만 애정 어린 질문으로 인해 대화를 계속 이어 나갈 수 있게 됩니다. 그야말로 'I like your hair!'의 국내 버전이라 할 수 있습니다.

사춘기 시절, 매일매일 긴장하고 우울한 마음으로 학교에 다니던 제가 친구들을 사귈 수 있었던 것은 사소하지만 애정 어린 마법의 문장 때문이었습니다. 사람을 만나면 먼저 상대방의 장점을 찾아보길 바랍니다. 그리고 상대가 기분 좋게 들을 수 있는 칭찬을 용기

내어 입 밖으로 말해보세요. 대화의 물꼬를 트는 마법의 문장은 동서양을 막론하고 똑같습니다.

📧 **친절한 비밀 노트**

상대의 장점을 찾아 칭찬하면, 기분 좋은 대화가 저절로 시작된다.

잘 모르는 이야기에
끼어드는 방법

☺ 대학교 3학년 때, 저는 처음으로 제 이름을 건 프로그램을 시작했습니다. 방송국은 오사카 FM802. 어리다면 어리달 수 있는 나이에 방송국 주변을 에워싼 오코노미야키 향기를 맡으며 방송의 기본을 배웠습니다.

FM802에서는 매년 라디오 DJ를 뽑는 오디션을 개최합니다. 오디션에서 합격한 사람은 평일 심야 3시부터 아침 6시까지 생방송을 진행하게 됩니다. 당시의 프로그램명은 〈FUNKY JAMS 802〉. 지금은 〈LNEM〉이란 이름으로 바뀌었지만, 오디션에 합격한 신입이 프로그램을 진행하는 시스템은 지금도 이어지고 있어서 매년 신선한 신인 DJ의 목소리가 오사카의 밤을 채웁니다.

학창 시절 저도 이 오디션에 데모 테이프를 보냈습니다. 긴장으로 실수를 반복하면서 수차례 마이크 테스트와 면접을 거쳤고, 결국 합격 전화를 받았습니다. '기뻐서 날뛰다'라는 표현처럼, 정말 기쁠 때는 자신도 모르게 팔짝팔짝 뛰게 된다는 사실을 몸소 경험했습니다. 수화기를 내려놓는 순간 "앗싸!" 하는 소리가 절로 나올 정도로 행복했지요. 동급생보다 한발 빠르게 명함을 받아들고 '내 꿈은 지금부터 시작이야!'라며 한껏 들떴던 당시에는, 매일같이 눈물의 수업이 이어질 것이라는 사실은 꿈에도 생각지 못했습니다. 그렇게 화요일 심야 방송을 담당하게 되어 일주일에 한 번 도쿄에서 오사카를 오가는 생활이 시작되었습니다. 'DJ 히데시마'도 이렇게 탄생했습니다.

떨리는 마음을 안고 오사카에 입성하자마자 저는 '보케'와 '츳코미', 즉 엉뚱한 말을 하고 이를 지적하여 웃음을 유발하는 개그 세계에 적응해야 했습니다. 일상적인 대화를 나누다가 잠시라도 멍하게 있는 순간에는, "빨리 안 받아쳐!"라는 지적이 날아왔습니다. 지금에야 '보케'와 '츳코미'라는 단어가 널리 쓰이고 있지만 제가 대학생이었던 1990년대에는 낯선 개념이었습니다.

'받아친다는 게 뭐지? 왜 이렇게 템포가 빠른 거야!?'

가나가와 현의 치가사키라는 한적한 동네에서 자란 저에게 오사카 특유의 토크는, 미국 학교에서 처음 느낀 것과 비슷한 수준의 문화 충격이었습니다.

오디션에서 채용된 신인 DJ의 방송은 말하자면 일종의 관문입니다. 오사카의 청취자에게 합격을 받지 못하면 다음은 없습니다. 방송 중에도, 방송국 안에서 미팅이나 잡담을 나누는 사이에도 '올해 신입들은 어떻지?' 하는 '실력 검증'의 분위기가 느껴졌습니다. '여기서 인정받기 위해서는 템포와 호흡에 익숙해지지 않으면 안 돼!' 유난스럽다고 생각할 수도 있지만 이런 조급함은 점점 심해져서, 제대로 한번 받아쳐보지도 못한 채 그대로 방송이 끝나버리는 가위에 눌린 적도 있었습니다.

　고민하는 저에게 지방 고유의 대화 흐름을 가르쳐준 것은 오사카 거리의 사람들이었습니다. 제가 좋아했던 장소는 한신 백화점 우메다 본점 지하에 있는 '스낵 파크'였습니다. 타코야키, 오코노미야키, 오므라이스, 우동 등 오사카 유명 음식이 한데 모인, 서서 즐기는 푸드코트 같은 곳이었습니다. 저녁에 신칸센을 타고 오사카에 도착하면 먼저 타코야키를 먹는 것으로 오사카 모드의 스위치를 켜는 것이 나름의 의식이었습니다.

　'스낵 파크'는 오사카 사람들의 생생한 대화로 가득합니다. '뭐라카는데?', '그자?', '만다꼬' 아주머니들의 리듬감 넘치는 수다와 여학생들의 귀엽고 톡톡 튀는 오사카 사투리, 보케와 츳코미를 주고받으며 웃음이 넘쳐나는 커플들….

　"니 입에 소스 묻었어!"

"그러는 니도 김 억수로 묻었거든!"

"니 이게 요즘 유행하는 거 모르나?"

'김 하나로도 저렇게 즐거울 수 있구나' 생각하면서 음식을 먹던 일이 어제처럼 느껴집니다. 오사카의 거리 그 자체가 제게는 생생한 말하기 학교였습니다.

스낵 파크가 학교였다면, 거리 인터뷰는 실습 현장이었습니다. 도쿄에서는 부끄럽다며 거절당하는 일이 많았지만, 오사카는 정반 대입니다. 모두가 마이크를 뺏을 기세로 대답을 합니다. 라디오 인 터뷰라기보다 마이크를 들고 있는 사람에게 무슨 일 있냐는 듯 자연스레 말을 걸어오는 느낌입니다. 그 속도를 따라가기 위해서는 머리로 생각하고 있을 겨를이 없습니다. 오사카 거리에는 '그렇게 멍하니 있으면 두고 가버릴 거야'라고 재촉하는 특유의 분위기가 존재합니다.

오사카에서 많은 것을 배웠지만, 현실의 벽은 높았고 저의 출연 은 안타깝게도 1년 만에 끝났습니다. 마지막을 통보받은 날 담담하게 받아들이고 냉정해지려고 했지만, 돌아오는 길에 근처 역의 개찰구를 빠져나가 혼자가 되자마자 눈물을 쏟아냈습니다. 하지만 오 사카라는 동네에서 처음 프로그램을 진행할 수 있었기 때문에 엄격한 현실은 물론이고, 끊임없이 사람을 만나고 대화를 나누는 라디오 DJ란 직업의 즐거움을 몸소 배웠습니다. 이 매력을 한번 알게 된 이상 더 잘하고 싶다는 마음이 들었을 뿐 아니라, 일류라고 불리는 사람의 모습에 가까워지고 싶다는 마음은 더욱 굳어졌습니다.

마이크의 스위치를 켜는 방법조차 몰랐던 신입을 하나부터 단련시켜준 FM802에는 지금도 진심으로 감사하고 있습니다. 많은 실패를 겪었지만, 현장에서 배운 것이 산처럼 많습니다. 화장실에서 눈물을 쏟은 일도 지금은 웃으며 말할 수 있는 이야깃거리가 되었습니다. 쓸모없는 경험은 단 하나도 없습니다.

도저히 적응하기 어려울 만큼의 낯선 환경이라도, 일단 대화가 시작되었다면 분위기와 흐름을 자연스럽게 따라가봅시다. 나와는 전혀 다른 상대와 대화함으로써 이제껏 몰랐거나 부족했던 점을 배우게 될 것입니다. 참견하기 좋아하는 아주머니들에게 "지금은 그런 말할 타이밍이 아니야!"라며 지적받은 일은 지금 생각해봐도 즐거운 경험이었습니다. 그때는 정말 감사했습니다!

📨 **친절한 비밀 노트**
낯설고 이질적인 상대와의 대화일수록 배울 점이 많다는 사실을 기억하자!

예쁘게 말하지 않아도
괜찮아요

☺ 대학교 4학년 때는 도쿄의 FM 라디오국 J-WAVE에서 한 시간
짜리 녹음 방송을 맡게 되었습니다. 예전에 제가 보낸 데모 테이프
를 들은 프로듀서가 먼저 함께하자는 제안을 했습니다.

월요일 아침 9시에 시작하는 〈SHOWER THE PEOPLE〉이라는
프로그램이었습니다. 셀린 디온, 머라이어 캐리 등이 부른 팝 히트
곡과 세계 최신 트렌드 정보를 소개하는, 대학생이었던 제게는 과
분한 프로그램이었습니다. J-WAVE는 저의 많은 롤 모델들이 DJ
로 활약한 세련된 이미지의 라디오 방송국이었습니다.

"정말 잘해야지!"

그때 저는 프로그램의 이미지에 맞게 유창한 진행을 해야 한다
는 생각에 빠져 있었습니다. 사전 녹음을 하는 프로그램이다 보니

조금이라도 실수를 하면 먼저 재녹음을 부탁했습니다. 프로듀서가 아무리 괜찮다고 말해도 몇 번이고 재녹음을 요청했습니다. 무엇보다도 실수 없이 예쁘게 말해야 한다는 생각이 머릿속에 가득했습니다.

그러나 그렇게 완벽하게 하려고 하면 할수록 프로그램의 내용이나 청취자에 대한 순수한 마음가짐이 점점 희미해졌습니다. 정확하고 알아듣기 쉽게 정보를 전달하는 일이 가장 중요한 아나운서의 역할과 달리, 라디오의 대화에서는 청취자의 마음에 다가서는 것이 무엇보다 중요합니다. 조금 실수하거나 목이 잠기더라도 제일 먼저 내뱉은 목소리에 가장 농축된 진심이 포함되어 있습니다. 아무리 많이 반복하고 연습한다고 해도 말의 진심은 첫 번째 녹음에서 가장 잘 드러나게 마련이었지요. 물론 당황하거나 틀리지 않고 시간까지 정확하게 지켜가며 방송을 한다면 매우 좋겠지요. 다만 그런 노력이 청취자가 아닌 자신을 위해서였다는 사실을 어렸을 때는 깨닫지 못했습니다. '나의 성취감을 이루기보다 청취자에게 진심을 전달하는 방송을 하기 위해서는 어떻게 하면 좋을까?' 이를 의식하게 된 이후부터 방송이 즐겁고 자유로워졌습니다.

이 사실을 깨닫게 해준 것은 제 인생의 전환점이 된 J-WAVE의 〈GROOVE LINE〉이었습니다. 월요일부터 금요일까지 오후 3시 반에 시작하는 와이드 방송으로 공동 진행자는 베테랑 중의 베테랑인

니시자와 씨였습니다. 그의 넘치는 활기와 유머러스함은 그 누구와
도 비교할 수가 없습니다. 당시 저는 예쁘게 말하기에 집착하는 미
숙한 신출내기 DJ로, 누가 봐도 실력 이상의 캐스팅이었습니다. 그
런 제게 모험을 걸어준 J-WAVE 제작진에게는 지금도 감사하고 있
습니다.

이런 연유로 첫날부터 니시자와 씨의 토크에 큰 충격을 받았습니
다. 니시자와 씨의 토크는 자유분방, 자유자재 그 자체였습니다. 스
튜디오에서 진행하는 공개 방송이었기 때문에 앞에서 지켜보는 사
람과 라디오를 듣는 청취자에게 끊임없이 말을 걸면서도, 제게로
언제, 어떤 말이 날아올지 모르는 상황이었습니다. 더 이상 '예쁘게
말하기'에 신경 쓸 때가 아니었습니다. 어떻게든 말을 이어갈 수 있
게 되기까지 얼마간의 시간이 필요했습니다.

생방송에서는 눈앞에 컴퓨터가 놓여 있기 때문에 DJ도 바로바로
청취자의 반응을 확인할 수 있는데, 이건 말을 하는 사람에게는 가
장 기분 좋은 일일지도 모릅니다(종종 읽으면 화가 나는 반응도 있지만
요). 특히 타이밍 좋게 던진 한마디가 청취자에게 좋은 반응을 얻으
면 그보다 기분 좋은 일이 없습니다.

하루는 방송에서 생각나는 대로 말을 한 적이 있습니다. 그때 엉
겁결에 내뱉은 말이 "그런데 그건 나팔 부는 거 아닌가요?"였습니
다. 사실은 '나발 불다'라는 말을 하고 싶었던 것인데 흥분한 나머

지 말이 잘못 나가고 말았습니다. 그러자 바로 '나팔(웃음)', '전쟁인가요?', '자, 출격!' 이런 반응이 계속해서 도착했습니다.

청취자와 만담 같은 대화를 주고받을 수 있다니 놀라웠습니다. 청취자의 반응에 따라 자기혐오에 빠지거나 지적받았다고 기분 나빠하거나 또는 청취자에게 웃음을 주었다는 생각에 기뻐하기도 했습니다. 어깨에 힘을 빼고 진행하게 되자 상대방의 지적도 기꺼이 받아들일 수 있게 되었습니다.

이런 식으로 응원을 받으면서 라디오란, 라디오 앞에 있는 사람들과 함께 만들어가는 것이라는 사실을 서서히 알게 되었습니다. 실수하더라도 진심이 가득 담긴 처음의 소중함을 중요하게 여기고 싶은 마음. 지금도 그렇게 생각하면서 마이크 앞에 섭니다.

말실수도 마음먹기에 따라 대화를 기분 좋게 이끄는 기폭제가 되어줍니다. 상대방이 웃어주면 여러분도 함께 웃어주세요. 분명히 상대방과의 거리가 더 가까워질 것입니다.

🗨 친절한 비밀 노트
실수도 즐거운 대화의 기폭제가 될 수 있음을 기억하고 관대해지자.

'그런데' 대신에
'한편으로 생각해보면'

☺ 인터뷰를 하다 보면 유독 대화를 나눴을 때 기분이 좋아지는 사람들을 만나게 됩니다. 그 이유를 알고자 공통점을 찾다 보니 얻게 된 결론이 있습니다. 모든 대답이 반드시 '네'로 시작한다는 점입니다. 예를 들어, 이런 대화를 나눴다고 상상해봅시다.

"A 씨는 가방에 늘 책을 들고 다니시네요. 독서를 좋아하시나 봐요?"

"네, 좋아해요. 워낙 바빠서 책 읽을 시간이 많지 않지만요."

그렇다면 다음의 대화는 어떤가요?

"A 씨는 가방에 늘 책을 들고 다니시네요. 독서를 좋아하시나 봐요?"

"그런데 워낙 바빠서 책 읽을 시간이 많지 않아요."

질문에 대한 상대방의 첫마디가 '네'로 돌아올 때와 '그런데'로 돌아올 때를 비교하면 역시 '네'라는 대답을 들을 때 상대방에게 수긍이 되었다는 느낌이 들고, 자연스럽게 기분이 좋아집니다. '네'라는 대답은 전체적인 어조가 밝고 긍정적이지만, '그런데' 뒤에는 불평이나 불만 등 부정적인 내용이 따라오게 됩니다.

저를 포함하여 습관처럼 '그런데'를 쓰는 사람이 의외로 많습니다. 심지어 'but'의 의미를 쓸 상황이 아님에도 불구하고 그저 접속사처럼 '그런데' 또는 '그렇지만'을 쓰곤 합니다.

"나 '그런데'라는 말 정말 많이 하지 않니?"

"그러고 보니 '그런데'라고 자주 하는 것 같아."

"그런데, 딱히 의식해서 쓰려고 그러는 건 아닌데 말야."

아! 여기도 '그런데 병'에 걸린 사람이 한 명 있네요. 자신의 습관은 스스로 알아채기 어려우니 주변 사람에게 물어보는 것도 좋은 방법입니다.

비즈니스 협상 방법 중에는 반론할 때 효과적인 'YBYes, But 화법'이 있습니다. 'YB 화법'이란, 일단 '예스'라고 상대방의 말을 받아들인 후에 상대방의 말에 반론하여 자신에게 유리한 쪽으로 대화의 주도권을 가지고 오는 기술입니다.

물론 확실히 효과가 있는 방법이라고 생각하지만, 저는 가능하면 'but'을 쓰지 않았으면 합니다. 왜냐하면, 결국엔 '그런데'라고 상대방의 말을 부정하게 되기 때문입니다. 자신에게 상대방의 말을 부정할 의도가 없더라도 '뭐지, 이 사람? 아까부터 자꾸 내 말에 반대하네'라고 의도치 않게 부정적인 인상을 주게 될지도 모릅니다.

상대방과 의견 차이가 있을 때 얼마나 '그런데'를 쓰지 않고 자기 생각을 전달할 수 있느냐, 이것이 불필요한 언쟁을 일으키지 않고 서로 기분 좋게 대화를 나누는 핵심입니다.

이런 고민에 대해 한 가지 힌트를 알려준 사람이 있습니다.

바로 NHK의 마시모 다카시 아나운서입니다. 예전에 마시모 씨와 함께 게스트와 함께하는 금요일 점심 방송을 진행했을 때의 일입니다. 마시모 씨는 상대방의 의견에 대하여 '그렇습니까? 그런데'가 아닌 '그렇습니까? 한편으로는'이라며, '한편'이라는 단어를 사용하는 것이 아니겠어요?

"그렇군요. 그런데 제 생각은 이러한데요"가 아니라 "그렇군요. 한편으로 이러한 의견도 있군요" 이렇게 표현을 살짝만 바꾸어도 의미가 상당히 부드럽게 느껴집니다. 문어체처럼 조금 딱딱한 느낌이 들지만, 실제로 소리를 내어 말을 해보면 의외로 어색함 없이 사용할 수 있습니다.

어떤 단어를 다른 단어로 바꾸어 쓰는 것을 영어로 'rephrase'라고 합니다. 의미가 더욱 잘 전달되는 표현이 없을지 rephrase를 모으는 기분으로 거리나 미디어 등을 둘러보길 바랍니다. 간판, 포

스터, 잡지나 신문의 헤드라인, 카페나 지하철 안에서 들려오는 주
변의 대화 등에서 여태껏 생각지도 못했던 표현을 만나게 될 것입
니다.

📧 **친절한 비밀 노트**

부정적인 표현보다는 긍정적인 표현을 사용하도록 하자.

웃으며 물건을
사게 만들려면

☺ 우리가 흔히 말하는 영업용 멘트는 일반적으로 환영받지 못하는 일이 많습니다. 점원이 말을 걸어서 당황하거나 가까이 다가오자 손에 들고 있던 물건을 내려놓고 그대로 가게를 나가본 경험을 한두 번쯤은 갖고 있을 것입니다. 하지만 왠지 모르게 나에게 물건을 팔려는 상대와 마음 편히 대화를 나눈 경험도 분명 있을 것입니다. 같은 목적을 가지고도 편안하게 느껴지는 사람과 불편하게 느껴지는 사람 사이에는 대체 어떤 차이가 있을까요?

장마가 계속되던 어느 날에 있었던 일입니다. 친구들과 수다를 떨던 중에 이런 이야기를 들었습니다.

"며칠 전에 오이를 사러 갔거든. 근데 정신을 차리고 보니까 수박을 사온 거 있지."

음, 수박이 확실히 오이과에 속하긴 하지요. 친구의 말에 의하면, 동네 작은 채소 가게 앞에서 진열된 채소를 보고 있는데 가게 사장님이 웃는 얼굴로 말을 걸어왔다고 합니다.

"수박 들여가세요. 아주 맛있어요."

물론 처음에는 거절한 모양입니다.

"오늘은 오이가 필요해서요. 수박은 다음에 사러 올게요."

"오이도 좋지만, 지금 나오는 수박은 햇수박이에요."

"(힐끔 쳐다보며)네…."

"수박은 8월보다 지금 먹는 게 맛있어요."

"(조금 관심이 생긴 눈치로)아, 네~"

"지금이 가장 달아요. 칼륨도 풍부해서 부기 빼는 데도 아주 효과가 좋아요."

"(몸을 내밀며)어머, 그래요?"

채소 가게 사장님과 이런 대화를 나눈 끝에 오이 대신 수박을 샀다는 것입니다. 그러면서 "그렇게까지 말하는데 먹어보고 싶잖아?"라고 덧붙였습니다. 이 이야기를 듣고 나서 채소 가게 사장님이 매우 대단하다고 생각했습니다. 친구가 이 '영업용 멘트'에 넘어간 이유는, 누구나 할 수 있는 말이 아니고 '채소 가게 주인만이 할 수 있는 말', '전문가의 지식을 기반으로 한 정보'였기 때문입니다. 만약 채소 가게 사장님이 "싸요, 싸!"라고 판에 박힌 호객을 했다면 아마 친구의 마음을 움직이지 못했을 테지요. 자신에게 없는 전문 지식으로 깨달음을 얻으면 사람은 감동합니다. 그리고 그 감동은 마음을 움직입니다.

반면, 그리 유쾌하지 않은 영업용 대화도 분명히 있습니다. 가격 흥정을 자주 하는 점원의 응대는 대부분 이런 느낌이죠.

"저도 똑같은 거 샀어요."

"전국적으로 아주 인기예요."

이런 말은 전형적인 영업용 멘트에 지나지 않습니다. 누구나 할 수 있는 말일뿐더러 굳이 점원과 같은 물건을 살 이유가 없고, 유행을 따라야 한다는 가치관을 강요받는 기분도 듭니다.

영업용 멘트도 손님의 선호에 맞출 수 있다면 물건을 사면서도 기뻐할 것이 분명합니다. 참고로 채소 가게 사장님은 수박을 산 친구가 돌아갈 때, "나중에 또 와서 맛있었는지 알려주세요" 하고 말했다고 합니다. 이 말에도 역시 감탄했습니다. 예를 들어 영업용 멘트라도 인간미가 느껴지는 단어가 포함되면 상대방이 기분 좋게 대화를 나눴다는 느낌이 들게 합니다. 그리고 그 순간이 사람의 마음을 움직이게 합니다.

자신이 가지고 있는 전문 지식 중에서 상대가 기뻐할 법한 것을 찾았는지, 상대방에게 도움이 될 만한 정보를 주기 위해 노력했는지에 따라 일상 대화의 수준도 달라집니다. 참고로 수박은 정말 달

왔고, 친구는 채소 가게의 단골이 되었다고 합니다. 저 역시도 친구와 함께 그 채소 가게에 함께 가보기로 했습니다. 제게는 어떤 말을 해줄지 매우 기대가 됩니다.

📰 **친절한 비밀 노트**

상대방이 경계하는 세일즈 상황에서는 상대에게 유용한 정보를 살짝 더하는 센스를 발휘해보자.

취향을 존중하면
부정적인 말하기가 사라집니다

☺ 음악 프로그램에서는 본 방송에 들어가기 전, 방송에 쓰일 선곡 리스트를 프로듀서에게 미리 전달받습니다. 1990년대 중반은 바야흐로 비주얼 록 밴드의 전성기였다고 할 수 있습니다. 그러나 솔직하게 말하자면, 저는 비주얼 록 밴드의 음악을 그다지 좋아하지 않습니다. 그날의 선곡 리스트에는 한 비주얼 록 밴드의 음악이 포함되어 있었습니다.

"아, 신곡이 나왔나 보네요."

스스로는 평소와 다르지 않은 반응을 보였다고 생각했지만, 큰 관심이 없는 분야라는 것이 얼굴에 나타난 것이 분명합니다. 프로듀서가 제게 이런 말을 해주었습니다.

"자신의 선호를 확실히 하는 것도 물론 중요하지만, 세상에는 내가 싫어하는 걸 좋아하는 사람이 아주 많다는 사실을 늘 잊지 않았으면 좋겠어요."

당연한 이야기지만, 그것이 DJ가 지녀야 할 최소한의 마음가짐이라는 사실을 새삼스레 깨닫게 되었습니다.

라디오는 말하는 사람이 보이지 않기 때문에 바로 옆에서 말을 걸어오는 느낌이 듭니다. 그런 가까운 거리감이 라디오의 매력입니다. 특히 저는 대화와 음악이 중심인 방송을 주로 진행하다 보니 듣는 사람이 조금이라도 편안해지는 분위기를 만드는 것이 중요했습니다.

"오늘은 비가 오네요."

이 한마디를 전달하는 데도 방법은 무궁무진합니다. 설사 비가 내려 기분이 우울해졌을지라도 그대로 자신의 기분을 표현하는 것은 좋은 방법이 아닙니다. 왜냐하면, 라디오 청취자 중에는 비가 오기를 간절한 마음으로 바라던 농부가 있을 수도 있으니까요.

그렇다면 어떤 식으로 말하면 좋을까요?

"장을 보고 돌아오는 길에 갑자기 소나기가 쏟아져서 들고 있던 종이봉투가 다 젖고 말았습니다. '저 골목만 꺾으면 바로 집인데!' 하는 순간에 봉투 바닥이 시원하게 뚫리고 만 게 아니겠어요. 그때의 기분이란!"

비와 관련한 재미있는 일화, 누구나 한 번쯤 경험해봤을 법한 일화를 소개하며 청취자의 공감을 끌어냅니다. 그리하면 비를 기다리던 농부도 웃으며 들을 수 있지 않을까요?

이는 비단 라디오에만 국한하지 않습니다. 일상생활에서도 자신이 좋아하지 않는 것에 대해 말할 때 '비는 별로 안 좋아해요'라고 생각한 그대로를 말하기보다 '비가 내릴 때 저는 이런 일이 있었는데 당신에겐 비와 관련한 일화가 있나요?' 같이 긍정적으로 대화를 이끌어가거나 상대방의 가치관에도 귀를 기울이는 방법을 고민해보면 좋겠지요. 자신이 싫어한다고 해서 무조건 부정적인 말만 하면 상대방이 좋아하는 것을 배려하지 않고 부정하는 결과가 됩니다. 부정적인 말을 하기 전에 세상에는 다양한 사람이 존재하고 개개인의 취향은 반드시 같지 않다는 사실을 얼마만큼 헤아릴 수 있느냐가 중요합니다. 대화를 나눌수록 기분이 좋아지는 사람이란 아마도 다른 사람의 취향을 받아들이는 풍부한 상상력과 감탄이 나올 정도의 여유와 친절함을 지닌 사람일 것입니다.

그리고 이러한 상상력을 키우기 위해서는 역시나 경험을 쌓는 일이 가장 간단하고 효과적입니다. 귀찮다고 생각 말고 밖으로 나가 다양한 사람과 이야기를 나누어보세요. 쓰레기를 버리러 갔다 우연히 마주친 이웃, 병원 대기실에 나란히 앉은 수다쟁이 환자, 택시 운전사 등 세상에 존재하는 다양한 사람과 한마디라도 대화를 나누어보길 바랍니다. 듣기 좋은 말투, 기분을 상하게 하는 말투 등 나쁜 예와 좋은 예를 많이 접할 수 있습니다. 괜한 오해로 의기소침해지기도 하고, 혼자 착각하는 바람에 곤란해지기도 합니다. 이는 모두 타인을 수용하는 좋은 경험이며 다음에 누군가와의 만남을 준비하는 데 양분이 되어줍니다.

많은 사람과 만나 대화를 나누고 자신과 다른 가치관을 알아갈 때마다 사람은 더 매력적으로 그리고 부드럽게 변한다는 사실을 잊지 마세요.

💬 친절한 비밀 노트

다양한 소통은 그 자체로 대화의 내공을 쌓는 훈련이 된다.

리더의 한마디는
기를 불어넣는다

☺ 2013년 말에는 큰 사랑을 받는 싱어송라이터 마키하라 노리유키 씨와 음악 버라이어티 프로그램을 진행했습니다. 감사하게도 마키하라 씨가 직접 저와 함께하고 싶다고 하여 매우 기쁘게 승낙했습니다. 이전 라디오에 게스트로 나왔을 때도 마키하라 씨의 성실한 태도와 언어 센스, 그리고 재치 넘치는 모습에 매우 감탄하였는데 그 모습을 가까이에서 볼 수 있다는 사실에 가슴이 두근거렸습니다.

게스트로는 유명 배우와 작곡가가 출연해 어릴 적에 들었던 음악 이야기로 꽃을 피웠고, 작곡에 대해서도 심도 있는 이야기를 나누었습니다. 그리고 마키하라 씨가 아일랜드의 전통 악기를 소개하는 코너도 있어서, 매우 알찬 60분이었습니다. 방송의 콘셉트는 심야 라디오 프로그램. 스튜디오에 라디오 DJ 부스를 본뜬 세트장을 만들고 ON AIR 사인도 재현했습니다. 빨간 불이 켜지면 분위기가 한층 더해집니다. 마키하라 씨가 호스트가 되어 좋아하는 음악을 차례차례 소개한다는 프로그램 콘셉트에는 라디오의 자유로운 분위기가 매우 잘 어울렸습니다.

그러나 실제로는 TV 방송이기 때문에 녹화를 위해 꼼꼼한 준비가 필요했습니다. 스튜디오에서 라이브를 하기 위해서 일명 '방송 사이즈' 길이로 원곡보다 짧게 악보를 고치고, CD와 다르게 편곡도 했습니다. 녹화와는 별도로 뮤지션들이 사전에 모여 연주를 맞추기도 했고, 녹화 당일에도 몇 번이고 리허설을 반복하여 보컬의 음향, 악기의 울림, 소리의 균형까지 세심하게 점검했습니다. 노래의 어떤 부분에서 누구를 어느 각도로 찍을지 카메라 워크도 꼼꼼하게 정했습니다. 리허설에서 실제로 찍어보고 부족한 부분이 있으면 만족할 때까지 계속 조정했습니다. 녹화 당일에는 60분짜리 방송을 거의 하루 종일 찍을 정도로 공을 들여 촬영을 마쳤습니다.

그중에서 가장 고생한 사람은 다름 아닌 마키하라 씨였습니다.

이전에도 함께 방송을 한 적이 있기 때문에 인품이 훌륭한 사람이라는 사실을 알고 있었지만 현장에서 보는 마키하라 씨는 모든 방면에서 최고의 배려를 발휘하는 사람이었습니다. 세심한 부분까지 자상하게 말을 건네거나 리더로서 '이렇게 하시죠!'라고 방향을 정하는 믿음직한 모습, 사람을 한데 모으는 리더십도 훌륭했습니다.

테이블 위에 소품으로 올려둔 쿠키와 초콜릿을 발견하자, "와, 누가 골랐는지 정말 센스 좋은데요!" 바로 칭찬을 하고 하나 집어 맛을 봅니다. 카메라와 마이크 조정 등으로 대기 시간이 생기면, "히데시마 씨, 오늘 토크 정말 좋은데요. 최고예요! 옆에 있어서 정말 안심이 됩니다"라고 말을 걸며 긴장을 풀어줍니다. 사소한 말과 행동만으로도 소품 팀, 조명 팀, 카메라 팀, AD(어시스턴트 프로듀서) 등 모든 제작진이 이 사람이 원하는 최고의 방송을 만들고 싶다고 생각하게 만드는 것입니다. 매우 멋진 마법의 단어를 구사하는 사람이라고 속으로 감동했습니다.

이렇게 완성한 첫 회가 호평을 받아서 프로그램은 횟수를 늘려 총 6회가 방송되었습니다. 방송에 출연한 신인 뮤지션의 입장에서는 대선배인 마키하라 씨에게 묻고 싶은 것, 하고 싶은 말이 많았을 것입니다. 가사를 쓸 때는? 작곡할 때는? 작업에 진전이 없을 때는? 등등 질문이 멈추지 않았습니다. 연달아 이어지는 질문 하나하나에 마키하라 씨는 친절하게 맞장구를 치며 성실하게 답을 해주었습니다.

"맞아 맞아, 나도 잘 알지!"

"나도 옛날엔 그렇게 생각했었는데 지금은⋯."

나이가 어린 상대이지만 같은 뮤지션으로서 존중하고, 배우려고 하는 자세가 보였습니다. 그런 마키하라 씨이기 때문에 게스트는 그와의 대화를 통해 직업인으로서의 자세와 살아가는 방식 등 깊은 부분까지 영향을 받습니다. 항상 예정된 시간을 넘겼고 때로는 날짜가 바뀔 때까지 녹화가 이어진 날도 있었습니다. 그럴 때도 마키하라 씨는 피곤한 기색도 없이 "엠티 온 것 같지 않아요?"라며 웃음을 잃지 않고 열정적인 모습을 보여주었습니다.

프로는 보이지 않는 부분에서 노력하는 사람입니다. 누구보다 목소리를 내서 목표를 만들고 모든 사람에게 기를 불어넣어 나아갈 방향을 제시합니다. 흡사 가마를 들어올릴 때 가장 무거운 부분을 솔선수범하여 드는 사람처럼 말입니다. 카메라가 돌아가지 않을 때도 최선을 다하는 마키하라 씨의 마음 씀씀이에서 많은 것을 배웠습니다.

💬 친절한 비밀 노트
리더의 자리에서 중요한 것은 모두에 대한 배려와 응원을 잊지 않는 것이다.

당신은 길을 물어보기 쉬운
사람인가요?

☺ 제게는 한 가지 인생의 신조가 있습니다. 바로 '길을 물어보기 쉬운 사람이 되자'입니다. 이게 무슨 인생의 신조냐고 생각하는 사람도 있을 테지요. 그러나 처음 보는 사람이 자신의 겉모습만 보고 길을 묻는 일은 생각보다 쉽지 않습니다.

오랫동안 라디오 위주로 일을 해왔습니다만, 최근에는 TV 프로그램에 출연하는 일이 많아졌습니다. 모니터를 위해 방송에 나오는 제 모습을 보던 중 깨달은 점이 있습니다. 상대방의 말을 듣고 있는 제 얼굴이 무섭다는 사실입니다. 즐거운 주제로 대화를 나누고 있음에도 불구하고 상대방의 말을 한마디도 놓치지 않겠다는 의지가 너무 강했던 나머지 고개를 끄덕이며 맞장구를 치는 얼굴에서 여유를 찾아볼 수 없습니다.

"으, 저 진지한 얼굴은 뭐람."

그날 저만의 비밀 노트에 이렇게 적었습니다.

'싸움도 아닌데 대화 상대방을 위협하면 어떻게 한담.'

말하는 입장에서는 위협할 마음은 눈곱만큼도 없을지라도 제 3자의 시선에서 마치 싸움을 거는 것처럼 보인다면 큰 문제일 수밖에 없습니다. 이런 간극이 생기는 이유는 무엇일까요. 직업을 주제로 한 방송에 출연한 항공 승무원 출신의 게스트 한 분은 이런 이야기를 해주었습니다. 승무원은 연수 기간에 언제나 입꼬리를 위로 올리게끔 하는 미소 교육을 받는다고 합니다. 의식하지 않으면 사람의 얼굴은 화가 난 것처럼 보이기 때문이지요. 손님이 말을 시킨 순간에만 미소를 짓는 것이 아니라 평소 공항 안을 걸어 다닐 때도 늘 입꼬리를 올리고 있도록 훈련한다고 합니다.

상대방의 이야기를 들을 때도 마찬가지입니다. 승무원 게스트가 신입일 때에는 미소에 관한 강의를 듣는 와중에도 심각한 표정을 지어, 강사에게 "여러분! 벌써 미소를 잃었어요!"라는 지적을 받았다고 했습니다. 확실히 평소에 웃는 얼굴로 있기는 생각보다 쉽지 않을뿐더러 많은 노력이 필요합니다. 이 때문에 승무원들의 경우 연수 중에 갑자기 사진이 찍히는 일도 있고, 때로는 복도를 지나다닐 때 연수실을 지켜보던 강사에게 몇 시 몇 분에 무서운 얼굴을 하고 있었다는 주의를 받는 일도 있다고 합니다. 이런 이야기를 듣자니 TV 화면에 비친 저의 얼굴 표정에서 느낀 어색함이 이해가 되었습니다. 진지한 얼굴은 무섭게 보이기 때문입니다.

매 순간 자신의 얼굴을 거울로 확인하기는 어렵습니다. 그래서 마음속으로 '미소의 간'을 보자고 마음먹었습니다. 요리의 간을 맞출 때 먹는 사람의 기호에 맞게 조미료를 적절하게 조절하듯이 최상의 미소를 찾기로 한 것입니다. '지금은 어느 정도의 웃음이 적당할까? 살짝 미소만? 이가 보이게? 파안대소? 오호호? 싱긋? 아하하?'

웃음에는 여러 종류가 있습니다. 상황에 맞게 적당하게 웃기란 예상외로 어렵습니다. 자신은 열심히 웃었지만 상대방의 기대에 미치지 못하여 실망시킨 경험이 있지 않나요? 생각보다 얼굴 근육은 크게 움직이지 않습니다. 모처럼 웃자고 마음을 먹었는데 이도 저도 아닌 상태가 되면 손해를 볼 뿐입니다. 이만하면 됐다고 생각하는 것보다 두 배는 더 크게 웃어주세요. 상대방이 당신의 미소를 알아봐주거나 함께 미소를 지어주는 기쁜 경험이 늘어날수록 점점 자연스럽게 웃을 수 있게 됩니다.

사람들이 쉽게 길을 묻는 사람들은 '미소의 간'을 적절히 조절할 수 있는 사람이 아닐까요? 어딘가 행복하고 부드러운 분위기를 풍기는 사람이라면, 길을 물었을 때 방긋 웃으며 친절하게 알려줄 것 같은 기분이 듭니다.

길을 묻는 것 외에도 우리는 평소에 무의식적으로 사람을 골라 말을 겁니다. 예를 들어, 백화점 등에서도 친절하게 대응해줄 것 같은 사람에게 말을 걸고, 여유가 없어 보이는 사람에게는 말을 걸지 않습니다.

그러니 평소에 자신에게 길을 묻는 사람이 많다면, 이를 자랑스럽게 여겨도 좋을 듯합니다. 다른 사람에게 마음을 열고 있다는 것이 전해진다는 의미니까요. 그리고 그런 사람에게 사람이 모여드는 법입니다.

뻣뻣하게 경직되어 인사조차 건네기 어려운 까칠한 자세를 보이는 것은 변덕스러운 사춘기 시절만으로도 충분합니다. 사회에 나왔다면, 무엇이든 물어봐도 좋다는 여유를 지니는 것이 어른만의 매력이 아닐까요. 그러기 위해서 저는 평소에도 부드러운 표정을 짓고자 노력하고 있습니다.

📝 **친절한 비밀 노트**
상냥한 표정이 사람을 모이게 한다.

좋은 목소리의 시작은 먼저 들어보는 것!

DJ 일을 하다 보니 목소리에 대한 고민 상담을 받는 일이 자주 있습니다. 목소리가 작다, 발음이 또렷하지 않다, 목이 잘 쉰다, 발음이 안 좋아서 웅얼거리는 것 같다 등 고민의 내용은 다양합니다.

목소리에 자신이 없을 때는 어떻게 하면 좋을까요?

사람이 각기 다른 지문을 가진 것처럼 목소리에도 고유의 특징이 있습니다. 이를 우리는 '성문'이라고 부릅니다(영어로는 'fingerprint'와 비슷한 'voiceprint'라고 합니다). 누구나 자신만이 낼 수 있는 매력적인 목소리를 가지고 있습니다. 다만 그 매력을 제대로 드러내지 못할 뿐입니다.

신입 때는 무슨 말을 하는지 잘 전달되지 않는다는 주의를 받은 적도 많습니다. DJ가 되고 싶다는 마음 하나로 시작해서 발성 연습도 발음 훈련도 건너뛴 채로 갑자기 마이크 앞에 앉게 되었으니 지적을 받는 것도 당연합니다.

녹음된 목소리를 듣고 '내 목소리가 이렇다니!' 하고 충격을 받는 일도 자주 있었습니다. 저도 처음엔 남들과 똑같았습니다. 처음으로 세 시간까지 고정 프로그램을 맡은 신입 시절, 매일 두려운 마음으로 녹음테이프를 받아 들고 집에 돌아와 반복해서 들었습니다. 녹음테이프를 듣고 있다면 세 시간 동안 발음도 꼬이고, 대본도 틀리고 음이탈이 나거나 중간에 목이 쉬는 등 해서는 안 되는 일의 모든 예시를 만날 수 있습니다. 듣다 보면 심장이 따끔거리고, 다 듣고 난 후에는 체한 것 같이 속이 더부룩해져서는 혼자만의 반성회가 열리는 날이 계속 이어졌습니다.

그러나 반복해서 목소리를 들으며 철저하게 분석하던 중에 알게 된 점이 있습니다. 같은 녹음을 세 번 정도 들었을까, 목소리에서 저만의 버릇이 들리기 시작했습니다. '시옷 발음이 분명하지 않구나', '문장을 마무리할 때 서두르다 실수를 하는구나' 심할 때는 시작부터 힘이 너무 들어가서 "히데시마 후미카입니다"라는 인사 멘트조차 틀렸습니다.

자신이 한심하고 부끄러웠습니다. 녹음된 음성을 다시 들으면서 몇 번이나 쥐구멍이라도 들어가고 싶은 심정이 되었지만, 이미 방송된 후라 후회해봤자 소용없는 일이었습니다. 어쨌든 지금 할 수 있는 일은 다음에 더 잘하는 것뿐이었습니다. 실수하지 않기 위해서 하나하나 꼼꼼하게 확인하면서 저의 실수 패턴을 분석하였습니다.

그저 자신의 목소리가 듣기 싫다는 이유만으로는 회피하게 되면 무엇을 어떻게 고치면 좋을지 알 수 없기 때문에 발전이 없습니다. 먼저 자신의 목소리가 어떤지, 어떤 부분이 싫은지, 녹음해서 듣고 객관적인 입장에서 문제점을 정리해야 합니다.

'스스로 다시 듣지 않으면 자신의 목소리는 평생 알 수 없다.'

얼굴은 거울로 매일 봅니다. 휴대 전화로 반복해서 사진을 찍다 보면 표정에 따라 자신의 얼굴이 어떻게 보이는지 알 수 있습니다. 그러나 목소리는 골 전도를 통해 고막에 전달되기 때문에 녹음해서 듣지 않으면 평생 자각하지 못합니다. 목소리를 바꾸고 싶다고 생각하는 사람 중에 예를 들어 스마트폰의 음성 메모 기능을 활용하는 사람이 몇 명이나 있을까요? 5분이라도 고민할 시간이 있으면, 그 5분 동안 자신의 목소리를 녹음하여 다시 들어보길 바랍니다.

처음에는 이불을 걷어차고 싶을 정도로 부끄럽지만, 차차 익숙해지면 '그래도 여기는 좀 들어줄만 하네' 싶은 지점도 발견할 수 있습니다. 목소리를 녹음해서 계속 듣다 보면 그저 '듣기 싫다'고 감정적으로 반응해온 자신의 목소리에 점차 익숙해집니다.

운동선수도 경기가 잘 풀리지 않을 때는 먼저 자세부터 철저하게 분석한다고 합니다. 목소리도 자기 생각보다 딱딱하게 들린다면 부드럽게 말을 하도록 합니다. 목소리가 작다고 생각된다면 지금보다 또렷하게 말하는 연습을 합니다. 귀를 열고 자신의 목소리와 마주하면 자신만의 목소리를 빛나게 할 방법을 자연스럽게 발견할 수 있습니다.

제2장

내일
누군가를
만나야 한다면

하고 싶은 말보다는
듣고 싶어 하는 말

☺ "대화 주제가 떨어졌을 때는 어떻게 하면 좋을까요?"

처음 만나는 사람과도 대화를 나눠야 하는 라디오 DJ로 일하다 보니 이런 질문을 많이 받게 됩니다. 저의 경력도 20년이 넘어가기 때문에, 이 질문에 대한 나름의 해답을 찾았습니다.

무슨 말을 하면 좋을지 고민이 될 때는 발상을 바꾸면 단번에 마음이 편해집니다. 할 말을 떠올리기보다는 대화하고 있는 상대가 누구인지를 떠올려봅니다. 혼자서 머리를 쥐어짜기보다 먼저 상대방의 입장과 기분에서 생각을 합니다. 그러면 어떻게 될까요? 답답했던 기분이 단숨에 해소되는 경험을 하게 됩니다.

제가 처음 불특정 다수의 청취자에게 말을 건 경험을 한 것은 대학교 1학년 때 참가한 DJ 콘테스트에서였습니다. 매 가을마다 축제

때 진행된 이벤트로, 데뷔 때부터 지금까지 소속되어 있는 DJ 소속사에서 개최한 행사였습니다. 학생이었기 때문에 특별한 기술은 없었습니다. 그러나 이때 커뮤니케이션의 기본을 배웠습니다.

주제는 '5분짜리 음악 방송 만들기'로, 선곡은 물론 대본을 직접 써서 진행해야 했습니다. 당시 학교에는 별도의 DJ 부스가 없었기 때문에 콘테스트는 평소 수업을 듣는 대강의실에서 열렸습니다. 마이크는 교수님이 사용하는 평범한 강의용 마이크였고, 배경도 그저 칠판이었습니다. 지금 돌이켜보면 열심히 프로 흉내를 냈다는 생각에 저절로 미소가 지어지지만, 학생의 입장에서는 프로가 심사를 해주는 본격적인 콘테스트입니다.

그 당시에도 자각하고 있었지만, 저는 사람들 앞에서 말을 잘하는 편이 아니었습니다. 그러나 DJ는 스튜디오 안에서 마이크를 향해 혼자 떠드는 일이기 때문에 할 수 있을 거라고 쉽게 생각했습니다. 사람들 앞에 나서는 일에는 자신이 없었지만 그래도 너무나 좋아하는 라디오 DJ가 될 수 있을지도 모른다는 생각에 도전했습니다.

콘테스트 당일에는 제가 좋아하는 노래를 고르고, 이 곡이 얼마나 좋은지, 어떤 상황에서 들으면 더 좋은지를 열심히 설명했습니다.

그러나 솔직하게 말하자면 너무 참담한 나머지 그때의 기억이 통째로 사라져버렸습니다. 너무 긴장해서 손끝이 차가웠고 무대였던 교단을 향하는 발걸음은 마치 로봇과도 같았습니다. 머릿속은 백지상태에 목소리는 갈라지고 어쨌든 총체적 난국이었습니다.

결과는 당연히 탈락이었습니다. 제게 초심자의 행운은 일어나지 않았습니다. '데뷔의 계기'는 고사하고 그저 창피한 기억만이 남았습니다. 이로써 DJ가 될 수 있는 방법이 없어졌다는 생각에 그날은 저녁도 먹지 않은 채 멍하니 침대에 누워 있었습니다. 스스로가 너무 한심해서 견딜 수 없었습니다.

계절이 바뀌고 다시 축제의 시기가 돌아왔습니다. 물론 DJ 콘테스트도 다시 열렸습니다. 학교에 붙은 DJ 콘테스트의 포스터를 볼 때마다 작년의 기억이 떠올라 마음이 아팠지만, 올해는 구경이나 해보자는 심정으로 대회장을 찾았습니다. 대회장에 앉아 다른 학생들의 모습을 보고 있자니 '다시 한번 꿈에 도전하고 싶다. 그렇지 않으면 정말 후회할 것 같다'는 생각이 들었습니다. 그리고 '그 정도 창피를 당했으면 더는 잃을 것도 없어! 이번에는 방법을 바꾸어 다시 도전해보자!'라는 마음으로 눈을 딱 감고 다음 해에 다시 지원서를 제출했습니다.

지난번의 실패를 바탕으로 올해는 대본을 쓸 때 한 가지 생각을 했습니다. 듣는 사람이 "어? 나랑 관련이 있는 내용이네, 들어두면 도움이 되겠다" 하며 자연스럽게 귀를 기울일 수 있는 방송을 만들어보기로 한 것이지요.

대학생의 관심을 끌 만한 주제, 대학 생활을 즐겁게 만들어줄 주제면 좋겠다고 생각했습니다. 이런저런 고민 끝에 주제를 '가을 주말 데이트'로 정하고 이야기를 만들어 방송을 구성하기로 했습니다. 드라이브할 때 듣고 싶은 노래, 점심을 먹을 때 들으면 좋은 노래와 같이 주제를 나누었습니다. 그리고 그저 노래 소개로 끝내지 않고 추천 드라이브 코스와 인기 레스토랑 등 정보도 곁들이고, 단조롭지 않게 소설의 한 장면을 낭독하기도 했습니다. '누가 들어줄까? 어떤 상황, 무슨 기분일까'를 상상하며 말을 하다 보니 전달하는 방식도 전혀 달라졌습니다. 누군가 내 이야기에 귀를 기울여주고 있다는 반응도 처음 느꼈습니다.

그 결과, 우승이었습니다.

처음 도전했을 때는 상대방이 듣고 싶은 이야기를 떠올릴 여유가 없었습니다. 내가 좋아하는 것을 상대방에게 무리하게 밀어붙였을 뿐이었습니다. 아무리 좋은 내용이라도 얼마나 좋은지만 강하게 주장하면 그저 자기만족에 지나지 않습니다. 그 당시 저는 쓰디쓴 첫 실패를 통해 저의 방법이 잘못되었다는 사실을 깨달았습니다.

라디오 DJ는 본인이 하고자 하는 말을 직접 쓰기 때문에 가수로 치면 싱어송라이터와 비슷합니다. 스쳐 지나가는 청취자의 귀를 어떻게 붙잡아둘 것인가. 듣는 사람의 귀를 사로잡기 위해서는 상대방이 어떤 상황에서 듣고 있는지, 마음의 상태가 어떠한지를 가능한 구체적으로 상상해야 합니다.

듣는 사람의 입장이 되는 것, 이것이 커뮤니케이션의 기본이 아닐까요. '어떻게 하지? 무슨 말을 하지?' 자신의 입장만 생각하면 상상력은 더 이상 커지지 못합니다. 생각의 범위가 좁아져서 괴로워질 뿐입니다. 혼자서 원고, 기획, 각본, 연출 등 모든 부분을 책임지려 하기 때문에 생각이 앞으로 나아가지 못합니다.

대화는 오고 가는 양방향 소통으로 이루어집니다. 할 말이 없어서 불안해질 때는 먼저 상대방의 입장이 되어봅니다. '무슨 말을 하면 좋아할까?', '어떤 말에 반응해줄까?' 상대방의 관심 분야를 출발점에 두고 상상력을 발휘합니다.

상대방의 입장이 되어보면 '무슨 말을 해야 할지 모르겠다' 싶은 혼란스러운 질문은 '상대방을 어떻게 하면 즐겁게 해줄 수 있을까?' 하는 방향성 있는 고민으로 바뀝니다. 게다가 이 작전은 새로운 분야를 접할 기회가 되기도 하고 혼자 짊어진 어깨의 짐도 내려놓을 수 있는 계기가 되기도 합니다.

이제부터는 듣는 사람에게 기분 좋은 대화를 풀어 나가기 위해, 필수적으로 준비해야 하는 구체적인 방법들을 안내하겠습니다.

🔲 친절한 비밀 노트

무슨 말을 해야 할지 알 수 없을 때, 상대방은 무엇을 듣고 싶어 할지를 생각해본다.

손님을 대접하듯이
대화를 준비하세요

☺ 라디오 방송에는 다양한 게스트가 방문합니다. 2000년부터 진행한 〈GROOVE LINE〉은 평일 오후 4시 30분부터 8시까지 생방송으로 진행됐습니다. 세 시간 반 동안 뉴스를 소개하고 청취자와 전화 연결을 하기도 하며 다양한 코너를 진행했습니다. 물론 게스트를 초대하는 코너도 있었습니다.

라디오 방송은 늘 시계와의 술래잡기라 할 수 있습니다. 특히 생방송일 때는 사전에 충분히 맞춰볼 시간이 많지 않습니다.

"오늘의 게스트를 소개합니다. ○○○씨, 어서 오세요!"

"안녕하세요. 오늘 잘 부탁드립니다."

인사조차 나누지 못한 채 방송이 시작되는 일도 많아서 스튜디오의 무거운 문을 열고 게스트가 들어오는 순간이 첫 대면인 경우도 비일비재합니다. 당시 〈GROOVE LINE〉의 게스트 코너 방송 시간은 약 15분 정도로 매우 짧았습니다. 하나부터 열까지 질문을 하면서 토크를 이어가기에는 부족한 시간입니다.

상대방에 대해 아무런 정보가 없는 상태로 대화를 나눠야 한다면 어떻게 될까요? 손님을 초대하고는 어떤 준비도 하지 않은 상황을 상상해보길 바랍니다. 차를 내오려 해도 찻잎이 떨어졌다거나, 음식을 대접하려고 했지만 냉장고가 텅 비어 있는, 우왕좌왕하다가 '어? 벌써 가시게요?' 하는 상황을 말이죠. 누군가와 만나서 대화를 나눌 때도 마찬가지입니다. 우물쭈물하는 사이에 시간은 계속 흘러갑니다.

상대방을 대접하고 즐거운 시간을 보내기 위해서, 그리고 자신이 당황하지 않기 위해서라도 약간의 준비가 중요합니다. 출신지나 나이 등 상대방에 대한 최소한의 정보는 물론이고, 뮤지션이면 어떤 음악을 하는지, 배우라면 출연한 작품이 무엇인지, 가능하다면 취미나 좋아하는 음식 등 기본적인 정보를 재료로 하여 자기 나름의 '일품'이라고 할 수 있는 주제로 대화를 나눌 수 있도록 미리 준비를 해둡니다.

그렇다면 구체적으로 어떤 준비를 하면 좋을까요? 저는 게스트가 나오는 방송 전날에는 미리 게스트의 프로필 등을 간단하게 메모해둡니다. 그리고 메모에는 반드시 제 나름대로 그 사람에게 연상되는 '이미지 키워드'를 덧붙입니다.

예전에 한 실력파 가수가 게스트로 나왔을 때의 일입니다. 재즈부터 가요까지 장르를 가리지 않는 그를 보면, 미국 뉴욕에서 음악 수업을 듣던 때가 떠오르곤 했습니다. 뉴욕은 계절의 변화가 매우 아름다운 도시입니다. 프로그램이 방송되는 시기도 마침 여름에서 가을로 계절이 바뀔 때쯤이었습니다. '지금쯤이면 센트럴 파크가 예쁘겠네. 센트럴 파크 하면, 그곳을 배경으로 한 영화도 좀 있지. 〈티파니에서 아침을〉, 〈레옹〉, 그리고 크리스마스가 되면 생각나는 〈나홀로 집에 2〉. 주연 배우는 맥컬리 컬킨, 그땐 참 귀여웠지….' 저는 이런 식으로 뉴욕의 이미지를 연상해 나갔습니다.

'그러고 보니 〈악마는 프라다를 입는다〉에서 주인공이 악마 편집장의 까다로운 취향에 맞춰 커피를 사러 가는 장면이 있었지. 뉴요커들이 사랑하는 커피, 요즘엔 어떤 커피가 유행이려나. 일본에는 없는 메뉴가 있을지도 모르겠는걸. 이분은 무슨 커피를 좋아할까?'

✓ 센트럴 파크의 가을

✓ 영화에 등장하는 맨해튼

✓ 커피

✓ 뉴요커의 최신 유행

저는 이렇게 네 가지 이미지 키워드를 준비했습니다. 실제 방송에서 쓸 수 없는 주제를 제외하고 대화 주제의 가지를 넓혀가며 키워드를 이어간 결과입니다. 이렇게 떠오른 모든 이미지 키워드는 대화를 나눌 때 자신 있게 손님 앞에 내놓을 수 있는 든든한 '주제 창고'가 됩니다.

이 주제 창고는 비단 업무용 인터뷰에만 유용한 것이 아닙니다. 예를 들어, 아이 때문에 알게 된 동네 엄마 모임에서 사용한다고 생각해보세요. 그다지 친하지 않은 사이지만 '아이'라는 공통 관심사가 있습니다. '아이', '동네 주변'이라는 키워드에서 출발해 다양한 정보를 찾아보거나 연상하여 머릿속에 말풍선을 붙여둡니다.

"전자레인지로 당근 칩을 만들어줬더니 채소를 싫어하는 애도 잘 먹더라고요."

"아이들뿐만 아니라 어른도 편하게 쉴 수 있는 공원을 발견했어요."

이런 식으로 상대방이 관심을 가질 만한 주제를 골라 흥미를 유발합니다. 그러고 나서 반드시 상대의 반응을 묻습니다. 대화의 물꼬를 트기 위한 '주제 창고', 그리고 상대방의 의견을 묻는 질문은 한 세트입니다. 이를 통해 서로 편안하게 대화를 주고받을 수 있는 분위기가 자연스럽게 만들어지지요.

저는 라디오 DJ라는 직업을 가지고 있지만, 아무런 준비가 되지 않은 상태에서 갑자기 분위기를 띄울 수 있는 타입은 아닙니다. 그렇기 때문에 더욱 연상 이미지를 통해 떠오른 '주제 창고'를 늘 준비해둡니다. '주제 창고'는 할 말이 없어서 대화가 끊기는 어색한 상황을 미리 방지해줍니다. 곤란한 상황에 직면했을 때 언제, 어디에서든 던질 수 있는 소재를 준비해두면 막연하게 염려하지 않아도 됩니다.

여기서 중요한 점은 준비한 공을 모두 던지지 않아도 된다는 점입니다. 상대방은 더는 방망이를 휘두르고 싶지 않다는 의사 표시를 하는데 준비한 공을 모두 던질 때까지 집에 가지 않겠다는 의지로 계속해서 공을 던지는 행동은 마치 정지 버튼이 고장 난 피칭 머신과 같습니다. 한 번에 모든 주제를 다 쓰지 않아도 괜찮습니다. '그때 찾아본 정보가 이렇게 도움이 될 줄이야!' 하는 상황이 오기도 합니다. 그러니 그때를 위해 아껴두는 것도 좋습니다.

상대방의 기분을 좋게 만들어서 말을 많이 하도록 유도해야 하기 때문에 저는 기본적으로 묻는 역할을 합니다. 그렇기 때문에 적절한 주제를 제공하는 것도 상대에 대한 예의라고 볼 수 있습니다. 내일 만나야 하는 사람과 무슨 말을 해야 할지 고민이 되고 불안하다면 뭐라도 찾아보고 준비를 해야 합니다. 미리 준비하지 않으면 현장에서 허둥지둥하며 곤란해지는 것은 다른 누구도 아닌 바로 자신입니다. 주제를 여러 개 준비해두면 상대방과의 온도도 대화의 분위기도 확실하게 올라갑니다.

📧 친절한 비밀 노트
마치 식사를 대접하는 기분으로 풍성한 대화의 소재를 준비해둔다.

생동감 넘치는 대화를 만드는
나만의 감상평

☺ 처음 라디오를 진행하는 10년 동안 크게 변한 것이 있다면 바로 인터넷입니다. 신인이었던 1990년대는 인터넷 검색은 물론이고 위키피디아도 존재하지 않았습니다. 당시에는 어떤 영화의 주제곡이나 유행했던 노래 제목 등 청취자에게 도움이 되는 정보를 찾아내는 것도 DJ의 실력을 가늠하는 중요한 요소였습니다. 그렇기 때문에 백과사전만큼이나 두꺼운 팝송 사전이나 현대 용어 사전 등을 옆에 두고 참고하곤 했습니다.

지금은 인터넷 검색으로 불과 몇 초 만에 많은 양의 정보를 얻을 수 있습니다. 프로그램에 출연이 예정된 게스트나 내일 만날 사람에 대해서 검색하면 바로 페이스북, 트위터, 인스타그램 등 SNS 주소를 찾을 수 있고, 위키피디아에서 프로필 정도는 간단하게 볼 수 있습니다. 비즈니스로 회사를 방문하는 경우에도 홈페이지에 들어가보면 회사의 전반적인 사항을 파악할 수 있습니다.

그러나 검색만으로 충분하다고 생각해서는 안 됩니다. 인터넷상에 공개된 정보는 누구라도 볼 수 있습니다. 대화를 나눌 때 인터넷에서 찾은 정보에만 의지하면, 주제가 한정되어 좋은 인상을 주기 어렵습니다. 상대방이 인터넷에서 검색하면 바로 나오는 질문만 한다고 생각할 수도 있기 때문에 어색한 분위기 속에서 대화가 종료될 수도 있습니다. 상황에 따라서 과도한 검색으로 상대방의 오해를 사는 역효과가 나타나기도 합니다.

문자로 용건이 바로 해결되는 시대일수록 얼굴을 마주하고 대화를 나눌 때, 감정이나 아이디어 등 서로 공통되는 무엇인가를 발견할 수 있습니다. 모처럼 직접 만나서 이야기를 나누는 자리에서 공적이든 사적이든 그 순간만큼은 함께 즐거운 시간을 보내고 싶다는 기대감을 가져야 합니다. 그래서 저는 사전 조사로 끝내지 않고 한 발 더 나아가 '나만의 단어'를 준비합니다.

라디오 프로그램에 출연하는 게스트들은 대부분 신곡 발매나 출연한 영화의 개봉일 등 청취자에게 전달하고 싶은 목적을 가지고 스튜디오를 방문합니다. 이 경우, 거의 100퍼센트 인터넷상에서 관련한 정보를 찾을 수 있고, 잘 정리된 자료도 미리 얻을 수 있습니다. 따라서 거기에 적힌 내용을 바탕으로 이야기를 나누면 잘못된 정보를 전달할 위험은 없습니다.

그러나 그렇기 때문에 인터넷을 검색해서 알 수 있는 것만 묻는다면 상대방도 청취자도 재미는 물론 생방송의 묘미를 느낄 수 없습니다. 모처럼 직접 대면할 기회가 생겼으니 개인적으로 그 사람의 진심과 인품이 드러나도록 대화를 이끌어 나가려고 노력해야 합니다. 그러기 위해서 먼저 자신만의 표현으로 자연스럽게 대화를 끌어냅니다. 예를 들어, 막 발매된 신곡의 홍보를 위해 출연하는 뮤지션이라면 먼저 노래를 들어보고 느낀 점을 자신만의 표현으로 적습니다.

제가 정말 좋아하는 아티스트인 자넷 잭슨을 시부야의 공개 스튜디오에서 만났을 때의 일입니다. 자넷 잭슨을 보기 위해 모여든 팬으로 스튜디오의 열기도 최고조에 달했습니다. 저도 좋아하는 아티스트를 만났다는 긴장과 설렘으로 쉽사리 흥분이 가라앉지 않았습니다. 방송이 시작되었지만, 다리와 목소리의 떨림이 멈추지 않았습니다.

"이번 신곡을 듣고, 지금 살아 있는 이 순간을 중요하게 여기자고 생각했습니다. 바로 지금이 그 순간입니다. 그리고 눈앞에 있는 관객도 같은 마음일 거라고 생각합니다!"

일부러 멋있는 말이나 어려운 문자를 쓰려고 하지 않았습니다. 자신에게 익숙하지 않은 것은 금세 티가 나기 때문입니다. 느낀 점을 솔직하게 표현하는 것만으로도 상대방이 나를 위해 시간을 투자해주었다는 진심이 전해집니다.

참고로 자넷 잭슨도 "고맙습니다. 편하게 생각해요. 저도 긴장하고 있으니까요. 이 순간을 즐기자고요!"라고 답하며 손을 들어 저의 무릎을 가볍게 토닥여주었습니다. 방송에서는 '긴장'이라는 키워드를 가지고 "무대에서 실수하기도 하나요?", "물론이죠. 긴장하면 실수도 해요, 하하하"와 같은 대화를 통해, 자넷 잭슨의 꾸밈없는 성격을 엿볼 수 있는 인터뷰가 나왔습니다. 초조하고 긴장된 분위기에서는 다소 식상한 질문에 의지하기 쉽지만, 자신만의 언어를 준비해두면 생동감 넘치는 대화를 나눌 수 있게 됩니다.

면접을 영어로는 '인터뷰'라고 합니다. 취업 면접이나 비즈니스 상황에서도 자신의 언어를 준비하는 일은 똑같이 중요하다고 생각합니다. 회사 안내나 인터넷 홈페이지를 살펴볼 필요는 있지만, 거기에 쓰여 있는 내용은 상대방이 준비한 언어입니다. 그것을 그대로 따라서 '귀사의 이념은…'이라고 아무리 열정적으로 설명해도 면접관은 '알고 있습니다. 우리가 쓴 거니까요'라고 반응할 뿐입니다. '복사-붙여넣기' 발언은 분위기를 망치는 지름길입니다. 입장을 바꿔서 생각해보면 묻고 싶은 내용은 모두 똑같습니다.

"그래서 당신 생각은 어떻습니까?"

인터넷에 올라온 내용은 빌린 언어입니다. 무엇이든 검색을 하면

다 나오는 시대이기 때문에 더욱더 보고 느낀 점을 자신만의 언어로 바꾸어 표현하는 것이 중요합니다.

💬 **친절한 비밀 노트**

검색의 결과는 어디까지나 힌트일 뿐, 직접 느끼고 깨달은 나만의 표현을 준비해 둔다.

이야기가 있는 자기소개는
잊히지 않습니다

☺ 개인적으로 게스트에 대한 호감도가 단번에 좋아지는 사소한 행동이 있습니다. 바로 상대가 저의 이름을 불러주는 것입니다. "당신은요?"가 아닌 "히데시마 씨는요?"라고 이름을 불러주면 다른 누구도 아닌 나라는 사람과 대화를 나누려 노력하고 있다는 마음이 느껴집니다. 서로 이름을 부르는 일은 공적인 사이를 사람과 사람의 관계로 한 단계 상승시키는 행위입니다.

프로그램에서의 인터뷰는 10분 정도, 길어도 한 시간을 넘지 않는 일이 대부분이기 때문에 이름을 부르지 않아도 섭섭해 할 일이 아니라는 것은 잘 알고 있습니다. 그러나 한 번도 이름을 부르지 않으면 역시 조금은 아쉬운 마음이 드는 것은 사실입니다. 반대로 딱 한마디, 이름을 불러주면 그 찰나의 순간에 그 사람의 인상이 단숨에 좋아집니다. 개인적으로 서로의 이름을 부르는 것만으로도 친해질 수 있다고 생각합니다. 지나친 생각일 수도 있지만, DJ로 20년 정도 활동하면서 직접 느끼고 내린 결론입니다.

이런 이유로 추천하고 싶은 방법이 자신의 이름을 부르기 쉽게 하는 것입니다. 방법은 어렵지 않습니다. 대화를 나누는 중간에 "제작진이 '히데시마 씨, 그러고도 DJ라고 할 수 있어요?'라며 장난을 치는 일도 있어요." 이런 식으로 대화 중간에 자신의 이름을 끼워 넣는 것입니다. 다만, 지나치면 이상한 취급을 받을 수 있다는 점을 주의하길 바랍니다. 아니면 처음부터 상대방에게 자신의 이름을 어필하기 위해서 이름의 유래를 자기소개의 소재로 쓰는 방법도 있습니다. 예를 들면 다음과 같이 말이죠.

제 이름은 한자로 역사 사史, 향기 향香을 쓰고, 일본어로 후미카라고 읽습니다. 이름을 지어주신 증조할머니는 고전문학을 굉장히 좋아하셨다고 합니다. 그래서 첫 손녀인 제게 역사의 향기가 감도는 우아한 여성이 되길 바라는 마음을 담아서 후미카라는 이름을 지어주셨습니다.

할머니께 정말 죄송하게도 지금의 제 모습은 그런 품격 있는 여성과는 거리가 멉니다. 역사의 향기보다 갓 구운 빵이나 흰 쌀밥의 향기에 반응하는 '역사보단 빵'을 외치는 성격이 되어버렸거든요.

그만큼 맛있는 음식에 대한 후각은 그 누구보다 뛰어나서 맛있는 음식 추천,

맛집 초대는 언제나 대환영입니다. 지금까지 히데시마 후미카였습니다. 잘 부탁드립니다.

이름은 사람과 사람이 만날 때 무엇보다 중요한 접점이 됩니다. 살아가면서 업무 미팅이나 학교, 동호회 모임에서도 자기소개를 해야 하는 상황은 계속 있습니다. 앞으로 평생 마주해야 하는 상황이라면, 스스로 생각해도 재미있는 소재를 하나쯤 준비해두면 어떨까요? 여러 사람에게 시험해보고 반응이 좋았던 부분을 더욱 강조하여 조금씩 다듬어갑니다. 정해둔 자기소개의 소재가 있다면 급하게 자기소개를 해야 하는 상황에서 당황하지 않을 수 있습니다.

첫 만남의 기회는 두 번 다시 오지 않습니다. 개성 있는 자기소개를 미리 준비해두면 압박감과 긴장감에서 확실하게 편안해질 수 있습니다. 마음이 편해진 만큼 즐거운 대화를 나눌 수 있는 여유도 생겨납니다. 긴장감이 기대감으로 바뀌게 됩니다. 사전 준비도 즐길 수 있게 되면 사람과 만나는 일, 대화를 나누는 일도 더욱 좋아질 것이 분명합니다.

💬 친절한 비밀 노트
대화 상대가 나의 이름을 쉽게 기억할 수 있도록 독특한 나만의 소개법을 준비해보자.

첫인상만큼이나 중요한
'두 번째 인상'

☺ 앞서 〈손님을 대접하듯이 대화를 준비하세요〉 챕터에서는 처음 사람을 만나기 전에는 '주제 창고'를 채워두는 것이 좋다는 조언을 드렸습니다. 이미 만난 적이 있는 사이라도 약간의 변화를 준다면 주제 창고를 활용할 방법은 많습니다.

이전에 만난 적이 있다는 것은 프로필 등 기본적인 정보 검색은 이미 끝낸 상황을 의미합니다. 그렇다면 이번에 준비해야 할 것은 처음 만났던 때의 대화에서 인상적이었던 것이나 상대방이 좋아한다고 했던 것을 떠올리는 것입니다. 이전 만남에서 상대가 맛있는 빵집 탐방이 취미라고 했던 기억이 떠올랐다면 거기서부터 연상하여 '주제 창고' 안을 찾아봅니다.

"요전에 빵을 좋아한다고 했던 것 같은데, 최근에 맛있는 빵을 발견했어요."

"잡지에 이런 빵집이 소개되었던데 혹시 가보셨어요?"

이런 주제를 한두 개 정도 준비합니다. 그렇게 하면 대화가 시작되는 계기가 될 뿐만 아니라, 상대의 말을 기억하고 있었다는 사실을 간접적으로 전달할 수 있으며 그 사실은 상대방을 기쁘게 합니다. 첫인상도 중요하지만, 이어진 만남에서의 '두 번째 인상'으로도 단숨에 마음의 거리가 가까워질 수 있습니다.

저는 대화 중간이라도 상대방이 추천한 책이나 영화, 맛집 등은 양해를 구하고 그 자리에서 스마트폰의 메모 기능이나 주변에 있는 냅킨 등에 적습니다. 나중에 떠올리려고 해도 기억나지 않을 것이 분명하기 때문입니다. 상대방도 '내가 추천한 게 마음에 들었나 보네', '내가 호기심을 자극했나 보군!'이라고 생각하며 나쁘게 여기지 않을 것입니다. 사람들의 추천을 들으면 평소에는 읽지 않는 책, 몰랐던 가게나 맛있는 음식을 만날 수 있습니다. 메모하는 행동만으로도 상대방을 기쁘게 할 수 있고, 자신의 즐거움도 늘어납니다. 일석이조인 셈이지요.

상대방이 좋아하는 주제는 언제 만나더라도 좋은 대화의 소재가 됩니다. 저는 일단 메모를 했다면 다음에 만날 때까지 그 내용을 반드시 확인하려고 노력합니다. 책이라면 서론만이라도, 영화라면 앞의 10분 정도나 예고편만이라도 확인하려고 합니다.

"지난번에 추천해준 책, 막 읽기 시작했어요."

"재미있다고 했던 그 영화, 지금 보고 있어요."

요즘에는 컴퓨터로 바로 찾아볼 수 있으니 그렇게까지 어려운 일이 아닙니다.

"저번에 알려준 가게 한번 가보고 싶은데 아직 못 가봤어요."

"얼마 전에 말했던 온천, 찾아봤는데 정말 좋아 보이더라고요."

이런 식으로 말을 꺼내면 상대방도 기뻐하며 자연스럽게 대화가 이어질 것이 분명합니다. 지난번의 만남부터 현재까지 점과 점이 이어져 선이 되어가는 것과 같은 기쁨이 생겨납니다.

누군가를 다시 만나는 계기는 필연적으로 첫 만남의 자리에서 생깁니다. 저는 라디오 프로그램에서 만난 게스트도, 일로 만난 사람이라도 만나는 순간에는 '또 만나고 싶다', '또 만날지도 몰라'라는 기대를 가지고 대합니다. 물론 솔직하게 말하자면 그중에는 다시 만나고 싶지 않은 사람도 있습니다. 그렇더라도 크게 신경 쓰지 않으려고 노력합니다. 한때는 좋은 관계를 많이 만들지 못하는 이유를 집요하게 고민하기도 했습니다. 하지만 세상에는 나와 맞지 않는 사람도 있다는 사실을 인정하고 난 뒤, 모든 사람에게 사랑받으려고 애쓰기보다는 멋진 사람과 다시 만날 수 있게 노력하는 쪽으로 마음을 돌리고 한결 편해졌습니다.

이는 비즈니스 관계에서뿐만이 아닙니다. 비행기 안에서 옆자리에 앉은 여성이나 슈퍼마켓 계산대에서 함께 줄을 서 있던 부부와도 마찬가지입니다. 평소에는 이름도 알지 못한 채 헤어지고 두 번 다시 만나지 않을 사람입니다. 그러나 이상하게도 운명처럼 다시 만나 특별한 인연이 되는 경험을 몇 번인가 한 적이 있습니다.

그렇기 때문에 저는 사소한 자리에서라도 상대에 대해 알게 된 정보들을 메모하거나 일기에 적어 기록하고 있습니다. 이는 자신에게 유용한 정보가 되는 동시에 상대를 다시 만났을 때 그 사람과의 거리를 단번에 좁혀주는 좋은 재료가 됩니다.

두 번째, 세 번째 만남은 앞선 만남의 연장선입니다. 메모는 과거의 기록이 아닌 미래를 위한 계기가 됩니다.

일기일회一期一会라는 말과 같이, 같은 사람과도 똑같은 만남은 다신 없습니다. 다음에 또 만날 약속도 보증도 없기 때문에 메모를 하는 행위는 상대방에게 신뢰감을 주며 다시 만나고 싶다는 마음을 전하는 좋은 메시지가 됩니다. 메모는 대화를 이끌어가는 요령이자 모처럼의 만남을 몇 배 더 행복하게 만드는 작은 마음가짐입니다. 언제 시작해도 효과가 나타납니다. 마음에 메모해두고 시험해보길 바랍니다.

💬 **친절한 비밀 노트**

간단하지만 효과 만점! 단 한 장의 메모가 만남을 특별하게 만든다.

제3장

주눅 들지 마세요,
대화는
시험이 아니니까요

몸의 긴장을 풀면
마음의 긴장도 풀립니다

☺ 쉽게 긴장을 해서 사람들과 제대로 이야기를 나누기 어렵다는 고민 상담을 자주 받습니다.

"얼굴은 점점 굳어지고 심장이 쿵쾅거리고 목과 어깨도 딱딱하게 굳어요. 걸으려고 했더니 저도 모르게 오른발과 오른손이 동시에 나갔어요."

저도 그랬습니다. 지금도 여전히 긴장은 하지만, 몇 번이나 머릿속이 백지가 되는 혼란스러운 경험을 한 이후에는 마음의 평정심을 찾는 저만의 대처법을 생각해냈습니다.

"웃어보세요"라고 해도 쉽게 웃기 어려운 것처럼 아무리 편하게 있으라고 해도 긴장을 풀기는 어렵습니다. 머리로는 알지만 마음을 다잡기가 쉽지 않습니다. 긴장했을 때의 증상을 한번 떠올려 보길 바랍니다.

① 얼굴이 굳어진다.

② 심장이 두근두근하다.

③ 목과 어깨가 딱딱하게 굳는다.

모두 신체 증상이라는 사실, 눈치채셨습니까?

이 사실을 깨달았다면 다음 미션은 간단합니다. 먼저 긴장으로 딱딱하게 굳은 부위를 주물러서 풀어줍니다.

저는 견갑골을 의식하면서 팔을 앞뒤로 크게 움직이는 스트레칭을 합니다. 기분이 위축되면 몸도 저절로 움츠러들기 때문에 허리를 꼿꼿이 세우고 가슴을 편 상태에서 팔을 풍차처럼 돌리고 어깨도 함께 30회 돌려줍니다. 갑자기 벌떡 일어서서 스트레칭을 하면 주변 사람이 깜짝 놀랄 수도 있지만, 초조하게 혼자서 긴장을 키우면서 가만히 앉아 있는 것보다는 백배 낫습니다. 몸을 움직이면 혈액순환이 잘되어 머리도 맑아집니다.

스트레칭보다 간단한 추천법은 바로 점프입니다. 저는 방송에 들어가기 전에 가끔 제자리에서 점프를 합니다. 사람들이 앞에 있어서 눈치가 보인다면 화장실에 간 김에 20회 정도 점프를 합니다. 스트레칭과 점프는 방송에 들어가기 전에 제가 꼭 하는 습관 중 하나입니다. 같은 동작을 매일 반복하면 마음의 안정을 찾는 데 도움이 됩니다.

운동선수 중에서도 긴장이 될 때 평상심을 유지하기 위하여 정해진 동작을 하는 사람이 많습니다. 평소에 똑같은 동작을 반복하면 부담감이 심한 상황에서도 금세 집중하게 되는 효과가 있습니다. 저의 경우에는 어깨 돌리기 30회, 점프 20회를 하고 나면 '평소와 똑같아, 아무 문제 없어!' 하는 안도감이 생깁니다. 쉽게 긴장하는 탓에 걱정이 많다면 몸을 의식적으로 움직이는 '나만의 체조'를 만들어볼 것을 추천합니다.

마음이 더욱 편해지는 방법은 몸을 움직이면서 스스로에 대한 기대감을 낮추는 일입니다. 본디 긴장은 실수하고 싶지 않은 마음, 제대로 잘하고 싶은 마음에서 시작됩니다. 목표에 도달할 수 있을까 불안하기 때문에 가슴이 뛰고 머릿속이 새하얗게 변하거나 횡설수설하게 되는 것입니다. '무슨 일이든 완벽해야만 사람들에게 인정받을 수 있는 걸까? 아냐, 그게 다 무슨 상관이야!'라고 뻔뻔하게 생각했을 때 의외로 좋은 결과가 나오게 됩니다.

나에 대한 기대를 낮추는 동시에 상대방에 대한 기대감도 낮춰봅시다. 상대방과 허심탄회하게 대화를 나누고 싶은 마음도 이해하지만, 기대치가 높으면 높을수록 실제 만났을 때 상대방과 온도차가 있다면 쉽게 동요하고 맙니다. 누구에게나 평소의 나답지 않은 순간이 있습니다. 상대방이 긴장했을 수도 있고 마침 기분이 좋지 않다거나 컨디션이 나쁠 수도 있습니다. 생각만큼 대화가 잘 이어지지 않더라도 상대방에 대한 기대치를 낮추면 필요 이상으로 당황하지 않고 상황을 잘 넘길 수 있습니다.

자신이 얼마나 대단한 사람인지 보여주기 위해 고민하면 긴장할 수밖에 없습니다. 어떻게 하면 상대방을 편안하게 대할 수 있을까, 어떻게 하면 긴장을 풀어줄 수 있을까, 눈앞에 있는 상대방에게 집중하면 긴장할 겨를이 없습니다. 상대방도 나름대로 긴장을 하고 있을 것이 분명하므로 먼저 자신을 감싸고 있던 갑옷을 던져버리고, 자신의 실수담을 꺼내 보입니다. 그러면 무슨 말을 해야 할까, 긴장하고 있던 상대방의 마음을 녹이는 동시에 서로 웃으며 긴장을 풀 수 있습니다.

중요한 것은 긴장 그 자체를 부정하지 않는 것입니다. 예를 들어, '망했다!'라고 절망하는 순간에 의외로 상대방은 크게 신경 쓰지 않는 경우도 많습니다. 그저 '이 사람도 긴장을 다 하네'라는 미소만 보낼 뿐입니다.

한 가지 더(사족입니다만). 방송에 들어가기 전에 자주 쓰는 방법의 하나로, 주변에 활기가 넘치는 사람을 부적으로 삼는 것입니다. 일부러 썰렁한 농담을 던지고는 "진짜 재미없게 왜 그러세요?"라고 지적을 하게 만든 뒤 그 반응이 긴장을 풀어준다고 믿는 것입니다.

긴장은 스스로 만드는 감정이므로 자신만의 탈출구를 만들면 쉽게 긴장을 풀 수 있습니다. 믿으면, 믿는 사람이 이기는 게임입니다. 간단하고 쉽게 할 수 있는 자신만의 부적을 만들어서 곁에 두면 도움이 됩니다.

💬 친절한 비밀 노트
긴장된 상황에서 평소의 여유로움을 찾을 수 있는 나만의 부적을 만들어본다.

어색함을 탈출하는
최고의 무기

☺ 웃으며 인사를 나눴지만, 대화가 좀체 이어지지 않았던 경험, 모두 한 번쯤 있지 않습니까? 예상과 다르게 흘러가는 분위기에 당황하고 분위기를 살리기 위해 노력해보지만 상대방은 이미 선을 그어버리고는 무슨 말을 해도 시큰둥한 반응만 보입니다. 이럴 때 떠오르는 인터뷰가 하나 있습니다.

싱어송라이터 사이토 카즈요시 씨와 스페셜 프로그램을 진행한 적이 있습니다. 때로는 강렬하고 때로는 달콤한 목소리로 큰 사랑을 받는 사이토 씨는 말을 할 때 한 단어씩 끊어 말하는 특유의 습관이 있습니다. 저의 평소 말하는 속도가 사이토 씨에 비해 세 배는 빠르게 들릴 정도입니다. 처음 만났을 때부터 정신을 바짝 차려야겠다고 의지를 불태웠습니다. 그러나 의식을 하면 할수록 말하는 타이밍이 자꾸 겹쳐서 대화를 매끄럽게 이어가기가 어려웠습니다. 시간이 지날수록 이 간극은 더욱 커지기만 할 뿐 쉽게 좁혀지지 않았습니다. '이상하다. 계속 나만 말하고 있는 것 같지?' 이제 와 돌이켜보면 대화 중에 생기는 침묵을 메워야 한다는 생각에 어떻게든 상대방의 반응을 끌어내고자 했던 의욕이 지나쳤던 것 같습니다.

그렇다면 이런 상황에서는 어떻게 하면 좋을까요? 간단합니다. 침묵이 흐르거나, 대화가 주제와 다른 방향으로 흐를 때, 가장 효과적인 방법은 왔던 길을 되돌아가는 것입니다. 즉, 기본으로 돌아가서 무엇을 위해 대화를 나누고 있는지 그 목적을 떠올려봅니다.

이 스페셜 프로그램의 목적은 갓 발매된 사이토 씨의 새 앨범을 소개하는 것이었습니다. 신곡을 자신의 언어로 소개하고, 곡의 탄생 비화와 사이토 씨의 새로운 매력을 라디오를 듣는 사람에게 전달하는 것이 그날의 목표였습니다.

이때 저의 역할은 사이토 씨가 편하게 말을 할 수 있는 분위기를 만드는 것입니다. 얼마나 받기 쉽게 패스할 것인가, 골대를 알려줄 것인가 아니면 골을 넣기 쉽게 어시스턴트를 할 것인가를 정하는 것이 저의 역할입니다. 그러나 잘 알지 못하는 상대의 속도에 당황하여 일단 빠르게 골을 넣자는 생각으로 혼자 골대를 향해 볼을 몰고 가서 자신이 편한 타이밍과 각도에서 패스를 하고 있었던 것입니다.

사람은 누구든 자신만의 리듬과 호흡을 지닙니다. 갑자기 정적이 흐를 때는 먼저 상대방의 스타일을 존중하고 상대방에게 자신을 맞춥니다. 특히 상대의 호흡을 침범하지 않도록 주의합니다. 단어를 한 단어씩 끊어서 말하는 습관이 있는 사람이라면 자연스럽게 생긴 정적도 그 사람만의 개성이므로 자신이 그 정적에 익숙하지 않다고 해서 억지로 채우려 하는 것은 좋지 못한 방법입니다.

이럴 땐 '당신의 대답을 기다리고 있어요'라는 의미의 웃는 얼굴로 계속해서 맞장구를 칩니다. 언제가 되더라도 기다리겠다는 자세를 보여주길 바랍니다. 기다림이 익숙하지 않은 사람에겐 영원처럼 길게 느껴질 수도 있지만, 상대방은 최적의 흐름이라고 생각하고 있을지도 모릅니다. 이때는 꾹 참고 서두르지 말고 미소를 지으며 기다립니다. 그러다 보면 예상치도 못한 진지한 답변이 돌아오기도 합니다.

분위기가 갑자기 어색해질 때는 가장 먼저 상대방의 호흡을 존중해야 합니다. 말을 하고 싶어지는 화제를 던져서 서서히 분위기를 띄우고 상대방의 시간 감각에 맞추어 편안하게 답변을 기다립니다. 그렇게 하면 상대방도 천천히 대화의 시동을 걸어 자신만의 속도로 다양한 이야기를 할 수 있게 됩니다.

프로그램의 오프닝에서는 잠시 식은땀을 흘렸지만, 대화의 속도를 맞추자 사이토 씨가 키우고 있는 고양이 일화와 그간 듣지 못한 내밀한 이야기도 들을 수 있었습니다. 그 결과, 기쁘게도 사이토 씨는 형식에 구애받지 않고 방송이 끝날 때까지 편안한 상태로 여러 이야기를 들려주었습니다. 특히 마지막에는 사이토 씨 특유의 19금 개그가 터져 "잠깐만요. 심야 방송이 아니니까요!"라고 말려야 할 정도였습니다.

💬 **친절한 비밀 노트**

무리하게 나의 스타일을 밀고 가기보다는 상대방의 속도에 자신을 맞춘다.

웃는 얼굴도
만들 수 있습니다

☺ 멋진 첫인상을 위해서는 무엇보다 웃는 얼굴이 중요합니다. 대화를 즐겁게 하는 것은 진심을 담은 마음과 미소입니다. 그러나 잘 알면서도 웃는 일은 쉽지 않습니다. 아무 일도 없이 갑자기 웃으라고 한들 웃음이 쉽게 나올 리가 없습니다. 그날을 위해 아무리 완벽하게 준비를 해도 막상 닥치면 긴장으로 얼굴이 굳어지고 맙니다.

교통 체증, 상사의 잔소리, 열심히 뛰어갔지만 야속하게도 눈앞에서 닫혀버린 지하철 문 등등 짜증 나는 일이 너무 많아서 기분은 좋아질 기미가 없고, 속상함에 울고 싶어질 정도로 세상에는 마음대로 되지 않는 일이 많습니다. 이런 와중에 '항상 밝게, 활기차게'라고 다짐하기란 역시 어렵습니다. 때마침 재미있는 일이 생기지 않는 이상 말이죠. 낙엽만 굴러가도 까르르 웃음이 나던 그 시절이 그리워집니다.

아무래도 웃음이 나오지 않을 때, 정신은 마음이 아닌 몸에 깃들어 있다는 사실을 기억해두길 바랍니다. 즉, 웃는 얼굴은 노력해서 만들 수 있다는 말입니다. '즐겁기 때문에 웃는 것이 아니라 웃기 때문에 즐거워진다'는 말을 들어본 적 있으시죠? 지금까지의 경험으로 이 말에 일리가 있다고 생각합니다.

그렇다면 웃는 얼굴은 어떻게 만들까요? 웃는 얼굴이란 무엇인지를 먼저 알아보겠습니다.

사람은 어떤 얼굴을 '웃는 얼굴'로 인식할까요? 예를 들어 눈은 동그란 모양, 가는 모양, 산처럼 솟은 모양 등으로 다양하지만 입 모양은 반드시 'U자'입니다. 지금은 세계 공통어가 된 이모티콘의 웃는 얼굴 역시 U자입니다.

입꼬리가 위로 올라가 있는 모습이 웃는 얼굴의 조건이라 할 수 있습니다. 그렇다면 거울을 보고 입꼬리를 올려봅니다. 유심히 보면 얼굴 근육이 움직이는 것이 보이지요? 앞으로는 웃음이 나오지 않아 곤란할 때는 이 근육을 움직여봅시다.

이런 식으로 웃는 얼굴을 연구해보면 '웃는 얼굴 = 정신론'이었던 것이 '웃는 얼굴 = 근육의 움직임'으로 바뀝니다. 조금은 마음이 편해지지 않습니까? 웃음을 두려워하지 않아도 됩니다.

'거짓 웃음'은 좋지 않다고 하지만 일단 웃는 얼굴을 만들어보면 무표정이었던 5초 전보다 기분이 한결 좋아집니다. 얼굴 표정이 마음에 작용하는 현상을 심리학에서는 '페이셜 피드백'이라고 부릅니다. 그리고 제 경험으로도 웃는 얼굴을 만들면 아무것도 하지 않았을 때보다 확실하게 기분이 좋아집니다.

라디오의 경우, 청취자의 얼굴은 보이지 않습니다. 그렇지만 스튜디오에서 말을 하고 있을 때, 표정도 토크 내용이나 상황에 맞게 크게 바꾸려고 노력합니다. 밝은 주제는 웃는 얼굴로, 슬픈 사연을 소개할 때는 눈썹을 내리고 슬픈 얼굴로 말이죠. 왜냐하면, 얼굴과 감정이 서로 일치하지 않으면 사람은 매우 불안해지기 때문입니다. 그리고 그 불안감이 말하는 사람의 목소리에 전달되기 때문입니다.

'웃으며 화내는 남자'라는 유명한 캐릭터가 있습니다. 역설적이지만 이러한 설정이 배역으로 성립한다는 것은 그만큼 얼굴과 감정과 목소리가 일치하지 않으면 듣는 사람을 불안하게 한다는 증거가 아닐까요.

앞으로 사람을 만나서 대화를 나눌 때, 기분이 좋아지지 않거나 맞장구치고 싶은 기분이 들지 않는다면 당황하지 말고 웃는 얼굴을 만들어봅니다.

소리를 내서 웃는 것도 효과가 있습니다. '뭐 하고 있는 거지, 나?'라는 생각이 들 수도 있지만, 그 상황 자체를 유쾌하게 받아들이는 것이 핵심입니다. 다만, 남들 눈에는 조금 이상하게 보일 수도 있으니 주변 사람이 놀라지 않도록 그 점만 주의하시길 바랍니다.

📧 친절한 비밀 노트

웃는 얼굴을 만들면 모두의 기분을 밝게 만든다.

상대의 불쾌한 기분에
휘말리지 마세요

☺ 벌써 10년도 더 된 일이지만 전통 연극 무대에서 활동하는 유명 배우를 인터뷰할 기회가 있었습니다. 마침 무대 연습이 있었기에 연습 중간에 틈틈이 시간을 내서 인터뷰를 진행하기로 했습니다. 인터뷰 장소는 연습실에 딸린 작은 회의실이었습니다.

배역의 감정이 남아 있는 탓인지 긴장이 다 해소되지 않은 상태의 배우가 회의실로 모습을 드러냈습니다. 바로 직전까지 연습을 하고 있었기 때문에 당연한 일이었지만, 당시 어렸던 저는 그 분위기에 완전히 위축되고 말았습니다. 인사를 건네며 살짝 미소를 지었지만 금세 얼굴이 굳어졌습니다.

"네, 안녕하세요" 하고 상대방이 입을 떼는 순간, 분위기에 위축되어 "잘 부탁드립니다"라고 말하는 제 목소리는 거의 들리지 않을 정도였습니다. 인터뷰가 끝난 후에 취재 녹음을 다시 들어보니 목소리는 작고, 말끝을 흐려서 무슨 말을 하는지 스스로도 알 수 없는 상태였습니다. 완전히 상대방의 분위기에 압도되고 말았습니다.

이런 상태로는 상대방도 분위기를 바꿀 타이밍을 잡기 어렵습니다. 이럴 때도 평정심을 유지하며 평소처럼 인터뷰를 진행했으면 좋았을 텐데 그러기에 그때의 저는 경험이 많이 부족했습니다. 머릿속에는 '어색해', '집에 가고 싶어', '질문이 몇 개나 남았지?' 같은 생각만 가득했습니다. 인터뷰어로서 실격입니다. 무거운 분위기를 바꾸기 위해 눈을 딱 감고 직설적으로 질문할 용기가 없었기에 대화가 다채롭지 못하고 적어 간 질문을 그저 읽을 뿐이었습니다. 인터뷰라기보단 재미없는 질의응답에 가까웠습니다. 이날의 기억은 떠올릴 때마다 부끄럽고 화가 납니다.

날이 선 상대방에게 웃으며 밝게 인사를 건네는 일에는 상당한 용기가 필요합니다. 상대방의 표정이 조금도 변하지 않으면 돌아오는 상처가 매우 큽니다. 그렇지만 딱딱한 분위기에 휩쓸리지 않고 일단 상대방의 문을 똑똑 두드릴 수 있는 강한 정신력이 필요합니다.

예전에 벨기에에 살았을 때, 딸이 다니는 유치원의 학부모회 활동을 담당했던 적이 있습니다. 세계 각국의 아이들이 다니는 국제학교다 보니 임원회에 모인 보호자들의 국적만 해도 미니 EU라고 할 수 있을 정도로 다양했습니다.

임원회가 있던 날의 일입니다. 의견이 딱 두 개로 나뉘어 이러지도 저러지도 못하는 상황이 되었습니다. 짜증이 난 미국인 어머니는 토론을 이어가다 몹시 흥분하여 심하게 기침을 계속하면서도 단 한 발자국도 양보할 수 없다는 태도를 고수했습니다. 그런 긴장감이 감도는 분위기 속에서 한 이탈리아인 아버지가 갑자기 일어나서 회의실을 나가버렸습니다. '화장실이라도 가는 걸까?' 하는 생각을 하고 있을 때, 이탈리아인 아버지는 탕비실에서 티백을 넣은 차를 가지고 와서 흥분한 미국인 어머니의 앞에 웃으며 내려놓았습니다. 이 행동에 모두가 속으로나마 한마음이 되어 박수갈채를 보냈습니다. 미국인 어머니도 겸연쩍어하면서 "땡큐…"라고 말했고 회의실의 분위기는 부드럽게 변했습니다. 그 차 한 잔은 '이렇게 싸워서 뭐 하겠어요'라며 서로 양보하는 계기가 되었습니다. 저도 감탄을 하면서 이 정도의 밝은 뻔뻔함이 때로는 필요하다는 사실을 알게 되었습니다. 혹시나 하여 말해두지만, 주제 자체가 슬프거나 심각할 때는 제외합니다. 때에 따라 그 주제에 어울리는 톤이 따로 있을 것입니다. 상대방이 화가 났거나 적대감을 보이거나 감정적인 된 상황에서는 그 분위기에 함께 휩쓸리지 않기 위해 버텨야 합니다.

저는 DJ로서 상대방을 직접 대면해야 하기 때문에 저와 같은 역할에는 약간의 뻔뻔함이 필요합니다. 게스트를 만나 인터뷰를 진행하는 것은 저지만, 게스트의 기분이 좋지 않으면 주변의 제작진 사이에서도 긴장감이 흐릅니다. 그런 상황에서 저까지 긴장하면 스튜디오 전체가 장례식장 분위기가 되고 맙니다.

인터뷰가 장례식장이 되는 것을 막는 방법은 아이들처럼 주변의 눈치를 보지 않고 천진난만하게 행동하는 것입니다. 일부러 아무것도 모르는 아이들의 순진함으로 무장하여 굳이 하지 않아도 될 질문이라도 위축되지 말고 시도합니다. '정면승부가 어렵다면 살짝 변화를 줘볼까?' 하고, 질문의 각도를 바꾸어 계속해서 질문을 던집니다. 물론 이런 천진난만함이 통할 때도 있고 통하지 않을 때도 있지만, 위축되어 아무것도 하지 못할 때와 비교하면 흐름에 변화를 줄 수 있는 가능성은 훨씬 큽니다.

안타깝게도 부정적인 감정은 긍정적인 감정보다 전염성이 강합니다. 한 명이라도 부정적인 사람이 있으면, 부정적인 기운이 그 자리를 지배합니다. 이때, 기분은 기운이 더 강한 쪽으로 끌려갑니다. 자신의 좋은 기분을 상대에게 전할 것인가, 상대방의 나쁜 기분에 잡아먹힐 것인가는 중요한 문제입니다.

예를 들어, 기분은 해리포터와 볼드모트에 비유할 수 있습니다. 마법 지팡이에서 흘러나온 '좋은 기분'과 '나쁜 기분'이 서로 팽팽하게 대치하며 밀고 당기기를 반복합니다. 상대방을 쓰러뜨릴 필요는 없지만, 상대의 나쁜 기분에 말려들지 않을 수 있도록 버티기만 해도 괜찮습니다.

　상대방도 사람이기 때문에 늘 기분이 좋을 수는 없습니다. 중요한 것은 상대의 기분에 휩쓸리지 말고 평소처럼 자신의 페이스를 유지하는 것입니다. 그러기 위해서는 역시 준비와 미소가 필요합니다. 거기에 약간의 용기가 더해진다면 더할 나위 없습니다.

📧 친절한 비밀 노트
숨 막히는 긴장감을 깨는 것은 약간의 뻔뻔해질 용기!

근거 없는 비난을 튕겨내는
마음 코팅

☺ 20년간 라디오 DJ를 하다 보면 많은 사람을 만나게 됩니다. 개중에는 가치관이 비슷한 사람이 있는 반면 상상도 못한 반응을 보여서 '이런 생각을 하는 사람이 있다니!' 놀라는 일도 있습니다. 가끔이지만, 악의적인 말을 듣는 일도 있습니다. 빈정거리는 말, 불쾌감을 유발하는 단어, 성희롱, 이른바 갑질 등 이런 칼 같은 말에는 도무지 적응이 되지 않습니다.

"아직도 DJ를 하고 있어요? 서른 넘은 여자가 할 일이 아닌 것 같은데."

"알 거 없고, 그냥 제가 말하는 대로만 하면 돼요."

"(눈앞에서 인터넷으로 검색한 저의 프로필을 읽어가면서)아, 이런 일도 해요? 대단하네~"

이런 말을 듣는 순간에는 쓴웃음을 짓고 흘려버리지만, 아무 대응도 하지 못한 자신에게 화가 나서 잠을 이루지 못한 날도 많았습니다. '다음번에는 똑같이 갚아줄 테다!'라고 비밀 노트에 적으며 대응 방법을 생각해본 적도 있습니다. 사람의 마음이 참 간사한 것이 수천 번 잘해줘도 단 한 번의 악의를 강하게 기억할 수밖에 없습니다. 지금은 필요 이상으로 상처받지 않지만 이렇게 되기까지 20년의 시간과 많은 경험이 필요했습니다.

라디오 DJ를 하면서 배운 것이 있다면 100명에게는 100가지 반응이 있다는 사실입니다. 당연한 말처럼 들리지만, 특히 어릴 때는 선의에는 선의가 따라온다고 굳게 믿었습니다. 물론 대부분 웃는 얼굴에는 웃는 얼굴이 돌아오지만, 간혹 그렇지 않은 때도 있습니다. 그 순간에는 깜짝 놀라서 내가 미움을 받았다거나 또는 상대가 무례한 사람이라고 생각하기 쉽지만, 그것은 상대방에게 자신과 똑같은 가치관을 기대하기 때문에 생기는 감정입니다.

큰 기대를 버리고 상대방의 말과 행동을 가볍게 받아들이게 된다면 어떨까요? 기대가 없으면 상대방이 불쾌한 행동을 해도 '나랑 생각이 다른 사람', '비슷한 부분이 있을지도 모르겠지만, 이번에는 생각이 좀 다른가 보군', '짜증 나는 일이 있었나 보네'라고 자기합리화를 할 수 있게 됩니다. 그렇지만 막상 그런 상황이 닥치면 상처받지 않을 순 없습니다. 악의가 담긴 칼날이 자신을 향할 때 어떻게 대처하면 좋을까요?

이유 없는 악의에는 상대방이 무슨 말을 하더라도 감정의 스위치를 차단해버리면 됩니다. '마음의 장벽을 쌓는다'란 말은 긍정적인 의미로 잘 쓰이지 않지만, 자신을 지키기 위하여 보이지 않는 벽을 쌓는 일은 나쁘지 않다고 생각합니다. 이는 상대방의 악의를 흡수하지 않기 위한 '마음 코팅'입니다.

"뭐야, 이런 것도 몰라?"라는 말을 들으면, "죄송합니다. 제가 잘 몰라서요" 하고 상대방의 말을 가볍게 받아들이고 그대로 돌려줍니다. 일단은 이야기를 듣고 있는 것처럼 가끔 고개도 끄덕이면서 말이 끝날 때까지 기다립니다. 때로는 되받아치고 싶어질 때도 있지만, 여기서 반론을 하면 말꼬리를 잡고 계속해서 끈질기게 공격할 수 있는 연료를 보충해주는 꼴이 됩니다. 이 정도라면 '말씀이 좀 지나치시네요'가 통할 상대가 아닙니다. 감정적인 상태가 되어 맞받아쳐도 지게 되어 있는 싸움입니다. 감정적으로 대응하는 것이 바로 상대가 바라던 바이기 때문입니다.

최근 매우 인상 깊었던 일이 있었습니다. 엄마와 다섯 살 정도 되어 보이는 남자아이가 함께 엘리베이터에 올라탔습니다. 엄마가 아이의 손을 잡고 이런 이야기를 했습니다.

"알겠지? 싫은 소리를 한 사람은 금방 잊어버릴지도 모르겠지만, 듣는 사람은 그 말이 가슴에 콕 박혀서 계속 남아 있을지도 몰라.

평생 잊히지 않을 수도 있어."

'그러니까 다른 사람에게 나쁜 말을 하면 안 되는 거란다' 이렇게 타이르려고 했다고 생각합니다. 어른인 제가 들어도 절로 고개가 끄덕여지는 조언입니다. 아무 생각 없이 내뱉고는 잊어버리는 말이라도 들은 사람의 입장에서는 칼에 찔린 것 같은 아픔을 느낍니다. 그 아픔은 쉽게 사라지지 않을뿐더러 만약 칼끝에 독이라도 묻어 있으면 세포 구석구석까지 퍼져 나가 무슨 일이 있을 때마다 몸을 아프게 할지도 모릅니다. 그런데 계속 아픈 것도 화가 납니다. '말을 한 사람은 이미 깨끗하게 잊었을지도 모르는데 왜 나만 이러고 있어야 하나'라는 생각이 들기도 합니다.

상대방이 쏟아붓는 악의에 상처받지 않기 위해 마음에 코팅을 합시다. 무슨 말을 들어도 그 자리에서는 가볍게 받아들이되 헤어진 뒤에는 개가 물을 털어내듯이 물방울을 털어내어 깨끗하고 상쾌한 기분이 될 수 있도록 말입니다. 상대가 생각 없이 뱉은 말에서 자신을 지킬 수 있는 것은 다른 누구도 아닌 바로 나 자신입니다.

💬 **친절한 비밀 노트**

악의를 보이는 사람 앞에서는 무리하지 말고 '마음 코팅'!

청중 속에 숨어 있는
내 편을 찾으세요

☺ 회의, 발표, 회식 자리에서의 한마디, 동창회나 반상회에서의 인사말, 결혼식 축사에 이르기까지 인생에는 어떻게든 사람들 앞에서 말을 해야 하는 상황이 있습니다. 눈앞에 죽 얼굴들이 모여 있고 모두 자신만 바라보고 있는 상황은 상상만으로도 괴롭습니다.

DJ라는 직업 때문에 사람들 앞에 나서는 일이 식은 죽 먹기일 거라고 생각하는 사람도 있겠지만, 절대 그렇지 않습니다. 겁쟁이인 저는 많은 사람 앞에서 말을 해야 하는 상황이 생기면 도망치고 싶다는 생각이 먼저 들었습니다. 남 앞에 나서는 일에 익숙하지 못했던 제가 사람들의 반응에 의연해지고자 고민한 방법을 소개하고자 합니다.

용기를 쥐어짜서 간신히 한마디를 내뱉고 난 다음에는 바로 눈앞에 있는 상대방의 반응이 신경 쓰이기 마련입니다. 온 힘을 다하여 겨우 한마디를 내뱉었지만, 생각보다 반응이 좋지 못하면 분위기를 망쳤다는 생각에 당황하기 쉽습니다. 우리는 사람들 앞에 나설 때, 자신도 모르게 나 혼자라고 생각합니다. 그러나 혼자라는 생각은 자신을 괴롭게 할 뿐입니다. 말을 하는 입장이라는 이유로 혼자 모든 걸 짊어지려고 하면 눈앞이 깜깜해지고 아무것도 눈에 들어오지 않습니다.

그러나 모두 같은 장소에 함께 있으니, 서로 반응을 주고받으면서 분위기를 만들어간다고 생각하면 부담도 줄어듭니다. 바로 이때 내 편을 발견하거나 의도적으로 내 편을 만들어야 합니다. 관중의 모습을 쓱 둘러보면 고개를 끄덕이며 이야기를 듣는 사람이나 표정이 풍부한 사람이 적어도 한 명은 있게 마련입니다. 그런 사람을 발견하면, '지금 이 시간, 저는 당신을 위해서 말합니다!'라는 기분으로 믿음직한 내 편에게 청자의 역할을 부여합니다. 모든 사람에게 전달하려고 하면 의식과 에너지가 분산됩니다. 먼저 내 편 한 명에게 제대로 말을 겁니다. 그렇게 하면 결과적으로 개개인에게 전달하기가 쉬워집니다.

시선도 내 편 주변을 천천히 둘러보면서 이야기합니다. 그러면 날 선 긴장이 점차 진정됩니다. 그때부터는 그 사람의 반응을 기준으로 하여 계속해서 말을 겁니다. 여기서 중요한 점은 자신의 경험담으로 이야기를 끝내지 않는 것입니다. 이야기를 듣는 사람에게 '지금 당신에 대해 말하고 있어요'라고 힌트를 주듯이 관심을 유도합니다.

예를 들어, 영어 공부에 대한 스피치를 하게 되었다고 가정해봅니다.

"오늘 이 자리에 모인 분 중에서 매번 영어 공부가 작심삼일로 끝나시는 분? 비행기 안에서 외국인 승무원에게 음료수 부탁할 때 긴장되시죠?"이런 식으로 누구나 공감할 수 있는 주제를 던지면서 손을 들어보게 한다거나, "지금 내 얘긴가? 하는 분들이 몇 분 보이세요."

이렇게 의도적으로 대답을 유도하면 손님도 소극적인 청취 모드에서 적극적으로 참여하게 만들 수 있습니다. 몸을 움직이거나 미소를 보이거나 이해하는 표정으로 고개를 끄덕이는 등 눈에 보이는 반응이 나오기 시작합니다.

말하는 사람의 긴장은 상대방에게도 전달됩니다. 내가 긴장하면 상대방도 소극적인 자세를 취합니다. 이야기가 아무리 재미있어도 소리를 내어 웃어도 좋을지 주변의 눈치를 보게 됩니다. 공개방송이 있을 때는 본 방송에 들어가기 전에 과거 실수담을 일부러 많이 하는 편입니다. 조금이라도 소리를 내어 웃어주는 사람이 있다면 그날의 방송은 걱정하지 않아도 됩니다. '지금 리액션 최고예요!'

라는 반응을 주고받으면서 서로 공기를 예열해둡니다.

때로는 지루한 표정을 한 사람, 졸려 보이는 사람, 아무런 표정 변화가 없는 사람도 있습니다. 그런 모습이 눈에 들어올 때마다 마음에 상처가 생기는 것 같지만, 그럴 때는 원래 표정이 저런 사람이겠거니 생각하며 자신에게 유리한 쪽으로 해석해버리면 그만입니다.

그쪽에 신경이 쓰여서 '억지로라도 웃겨 보이겠어!'라며 노력해도 아무런 의미가 없습니다. 오히려 자신의 페이스를 지키기 어려워집니다. 그렇게 되면 다른 손님에게는 무례를 범하는 일이 됩니다. 돌부처가 앉아 있다고 생각하고 크게 신경 쓰지 않도록 합니다.

그러나 그런 돌부처도 가끔은 인정 넘치는 모습을 보여주기도 합니다. 언젠가 있었던 공개방송에서 계속 기분이 좋아 보이지 않았던 한 남성이 녹화가 끝난 후, 행사장 출구에서 "옛날부터 방송 잘 듣고 있습니다!"라며 악수를 청해와서 깜짝 놀란 적이 있습니다. 별다른 표정의 변화는 없었지만, 그 남성이 건넨 말과 손은 따뜻했습니다. 악수를 하고 그 남성이 돌아간 후에 '쓸데없이 지레짐작해서 겁을 먹었네'라며 기뻐했지만, 한편으로는 겁쟁이 같은 자신의 모습이 한심하게 느껴졌습니다.

'내가 열심히 해야 돼! 어떻게든 해낼 거야!'라고 너무 힘이 들어가면 자기 자신에게만 의식이 집중되어 눈앞의 반응을 제대로 읽지 못하기도 합니다. 상대방의 반응이 신경이 쓰여서 참을 수 없을 때도 있고, 분위기에 압도되어 위축될 때도 있습니다. 그러나 중요한 것은 자신을 어떻게 자유롭고 편하게 할 수 있을까 생각하는 것입니다.

사실은 하나지만 해석은 자유입니다. 상대의 부정적인 반응을 의식하지 말고 스스로 마음이 편해지는 해석을 합시다. 이러한 사고 방식을 몸에 익히면 한결 마음이 편해지고 결과적으로 들어주는 사람에게도 메시지를 더 잘 전달하게 됩니다. 무엇보다 알고 보면 다들 내 편이었다는 기쁜 사실을 발견하게 될 수도 있습니다.

💬 **친절한 비밀 노트**

청중 가운데 내 편이 되어줄 사람의 긍정적인 반응에 집중하면 마음의 긴장을 덜 수 있다.

아슬아슬한 대화에서
위트 있게 빠져 나오는 법

☺ 제가 라디오를 동경하게 된 것은 영어를 못하는 상태로 미국에 전학 간 어린 시절로 거슬러 올라갑니다.

'오늘도 역시 한마디를 못 했네'라고 풀이 죽은 채 집에 돌아와 방에서 중얼거리며 숙제를 하는 매일이 반복되었습니다. 그런 외로운 밤을 지켜준 것이 바로 라디오였습니다. 처음에는 영어 연습을 위해 라디오를 틀어놨었는데 매일 듣다 보니 라디오에서 흘러나오는 이야기 그 자체에 매료되었습니다.

미국에는 셀 수 없을 정도로 많은 라디오 방송국이 있습니다. 록 음악만 나오는 방송국, 컨트리 음악 전문 방송국, 코미디와 대화 중심의 방송국 등등 매우 다양합니다. 그중에서도 저는 세련된 재즈가 흐르는 뉴욕의 라디오 방송을 즐겨 들었습니다.

매일 밤 11시가 되면 마리아라는 여성 DJ가 등장했습니다.

"안녕하세요. 오늘은 어떤 하루를 보냈나요? 오늘도 저와 함께 편안한 밤을 보내길 바랍니다."

온화한 목소리에 성숙한 분위기가 물씬 느껴지는 마리아는 저의 동경의 대상이었습니다.

그때는 제가 설마 라디오 DJ가 되리라고는 생각도 못했는데, 라디오 진행을 시작하고 보니 역시나 어딘가에서 그녀의 모습을 좇고 있던 것은 아닐까 하는 생각이 듭니다. 그러나 이제 막 데뷔를 한 신입 DJ로서는 여유가 느껴지는 성숙한 분위기를 따라가기는커녕 '예쁘게, 멋있게'라는 이상과 현실의 딜레마 사이에서 괴로워할 수밖에 없었습니다.

저의 풋내 나는 고민을 해소해준 것이 앞서 말씀드린 〈GROOVE LINE〉입니다. 저녁 시간대였기 때문에 야한 농담과 19금 개그도 어느 정도까지는 허락되는 방송이었습니다. 당시로서는 예상치 못한 곳에서 불쑥 들어오는 니시자와 씨의 19금 멘트를 능숙하게 받아넘길 단어를 생각해내지 못하고 항상 "네", "그렇군요", "아하하" 하고 웃기만 했습니다.

'웃기만 할 거면 녹음기를 틀어놔도 되겠어. 오늘도 사람이 아니라 로봇 같았어.' 저는 도대체 무엇을 위해 여기에 있는 걸까 고민하면서 우울해졌습니다.

그래도 생방송은 매일 진행됩니다. 그렇다면 할 수 있는 일을 찾아서 준비해가자, 어떻게든 반격할 수 있는, '네, 그렇군요' 이외의 다른 말이 없을까? 나름의 대답 패턴을 늘려보기로 했습니다.

그때 도움이 되었던 것이 속담과 관용어 사전이었습니다.

예를 들어, '몸'이라는 단어를 사전에서 찾아보면 '몸 둘 바를 모르다'와 같은 관용구가 나옵니다. 한 가지 단어의 의미를 연결지어 찾아 나가면, 단어 한 개로 많은 표현을 만들 수 있다는 사실에 감탄하게 됩니다. 이렇게 방송에서 쓸 수 있는 표현을 몇 가지 미리 준비해두고 실전에 들어갔습니다.

때마침 시사 뉴스를 소개하는 코너에서 섹시한 이미지의 모델에 관한 대화가 이어졌고, 마침 봐두었던 표현을 활용하여 대답했습니다.

"스튜디오의 열기에 몸 둘 바를 모르겠습니다."

이런 식으로 '몸'이라는 단어를 순화하여 토크를 이어나갈 수 있었습니다.

니시자와 씨의 수위 높은 강속구에 비교하면 상당히 완만한 변화구입니다. 그래도 미리 준비한 덕분에 어떻게든 말을 이어서 흐름이 끊기지 않을 수 있었고, 예상이 딱 들어맞았다며 마음속으로 승리의 브이 포즈를 지었습니다.

토크는 합기도와 같다고 생각합니다. 상대방의 세계관을 존중하면서도 자신의 속도도 소중하게 여깁니다. 서로 호흡이 맞을 때 1+1 이상의 순발력이 생깁니다. 경기가 시작되면 상대방의 기술을 얼마나 받아들일 수 있을까 고민하면서 상대의 힘을 역으로 이용하여 반격할 틈을 살펴야 합니다.

매일 습관을 들여 조금씩이라도 늘린 어휘는 자신의 기술이 되어 '자, 어떻게 반격할래?' 하는 순간에 자연스럽게 입에서 나옵니다. 놀이 삼아 속담이나 관용구 사전의 책장을 넘겨보길 바랍니다. 어휘가 풍부해지면 받아칠 수 있는 패턴도 다양해집니다.

💬 **친절한 비밀 노트**

속담과 관용구를 활용해 평소 받아치기 어려웠던 주제의 대화를 최대한 이어가 보자.

주눅 들지 않는
것만으로도

☺ 흔히 말하는 '거물급 인사'라고 해서 반드시 으스대기만 하는 것은 아닙니다. 상대편이 거물급 인사라고 해서 미리 겁을 먹고 걱정하기보단 현장에서 눈을 딱 감고 뛰어들 때 의외로 대화가 잘 풀리는 경우가 있습니다.

일본 연예계의 대모로 불리는 가수 와다 아키코 씨와 생방송을 했을 때의 일입니다. 그야말로 거물급 인사의 대명사라 할 수 있는 사람입니다. 그때까지 와다 아키코 씨에 대해서 여장부, 예능계의 쓴소리꾼, 일명 '센 언니'의 이미지가 있었습니다. 즉, 거물급 중에서도 거물급으로 무서운 이미지가 있었습니다. 그러나 그런 이미지 때문에 선입견을 품는 것이 얼마나 바보 같은 일인지를 알게 해준 사람이 와다 아키코 씨였습니다.

당시, 저는 20대 중반의 신입 DJ였습니다. 아키코 씨는 긴장으로 실수를 연발하는 미숙한 DJ가 차마 말을 걸 수 없을 정도로 압박감을 주는 상대였습니다. 방송 당일 게스트 코너가 시작되기 30초 전, 광고가 나가는 동안 스튜디오로 들어오는 와다 씨를 보고 제가 가지고 있던 이미지가 잘못되었다는 것을 깨달았습니다.

문을 열고 씩씩하게 들어온 와다 아키코 씨의 얼굴은 미소로 가득했습니다. 거기에서 그치지 않고 큰 키를 반으로 접듯이 깊이 허리를 숙여 "잘 부탁합니다" 하고 먼저 인사를 건네는 것이 아니겠어요?

'이게 바로 사람의 마음을 사로잡는다는 거구나…'

나중에 들은 이야기지만, 음료수를 준비한 제작진에게도 정중하게 인사를 했다고 합니다. 무서운 이미지가 일순간 바뀌어 와다 씨가 단번에 좋아졌습니다. 이윽고 광고가 끝나고 방송이 시작되었습니다.

"오늘의 게스트, 와다 아키코 씨입니다!"

소개를 하고 대화가 시작되자마자 바로 그 '센 언니'의 모습이 나왔습니다.

"스튜디오 정말 작네요. 저처럼 키 큰 사람은 들어오는 것도 일이네요."

처음부터 와다 아키코 씨 특유의 화법이 시작됩니다. 제가 긴장하여 대본을 제대로 읽지 못하는 모습을 보고 바로 한마디 던집니다.

"맨날 이런 느낌인가요? 프로그램 이대로 괜찮아요?"

말은 이래도 눈에는 미소가 가득합니다. 그렇기 때문에 저도 위축되지 않고 "와다 씨 머릿결이 정말 찰랑찰랑하네요. 부럽습니다!"라고 농담을 건네는 여유까지 생겼습니다. 이런 건방진 말에도 "무슨 소리, 그쪽은 젊으니까 부러워할 거 없어요"라고 불편한 기색 없이 대답해줍니다. 애정이 담긴 날카로운 지적과 상대방을 기쁘게 하는 단어를 잘 섞어서 점점 편안한 분위기를 만들어갑니다.

깊게 머리를 숙여 인사를 했던 사람이 막상 방송이 시작되자, 친한 후배를 대하듯이 강한 멘트도 스스럼없이 던집니다. 저 역시 허둥지둥댈지언정 작게나마 되받아칩니다. 주제넘게 분석을 해보면, 역할을 확실하게 구분하는 것은 자신의 캐릭터를 잘 알기 때문입니다. 그렇기 때문에 방송이나 청취자가 원하는 바에 응할 수가 있습니다. 일류의 프로 정신에 스튜디오 앞에 모인 방청객도 아낌없는 갈채를 보내줍니다. 정상에 선 사람에게서만 느낄 수 있는 중요한 것을 배울 수 있었던 시간이었습니다.

'여기에선 농담을 해도 될 것 같은데!', '지금 지적할 타이밍인데!'라고 느끼면 용기를 내서 던져봅니다. 거물급 인사라면 식은땀을 흘려가면서도 끊임없이 도전하는 모습을 높게 평가해줄 것이 분명합니다. 실수해도 괜찮습니다. 그런 당신을 누군가는 반드시 지켜보고 있습니다. 그리고 내 안에 있던 두려움이 점차 사라지는 귀중한 경험을 할 수 있게 됩니다.

💬 친절한 비밀 노트

거물급 인사와 나누는 대화는 담력을 키울 기회! 눈을 딱 감고 상대방의 품에 뛰어들어본다.

무슨 말을 해야 할지 모를 땐,
보이는 대로 풍경 묘사

😊 평소 커뮤니케이션 상황에서 어색함을 느끼는 대표적인 순간이 있습니다. 바로 상사 혹은 가깝지도 멀지도 않은 누군가와 예상치 못하게 같은 공간에 있게 된 때입니다. 이웃과 아파트 엘리베이터를 단둘이 타게 되었을 때, 회사 선배와 휴게실에 둘만 있게 되었을 때, 집 방향이 같은 상사와 역에서 맞닥뜨렸을 때 모두 무슨 말을 하면 좋을지 고민이 되는 어색한 순간입니다. 이럴 때일수록 당황하지 말아야 합니다. 사소하지만 쓸 만한 대화의 실마리는 사실 우리 주변에 널려 있습니다.

대화의 소재를 발견하는 방법은 날씨나 최신 뉴스, 화제가 되는 TV 프로그램 등으로 다양하지만, 가장 좋은 방법은 상대방과의 공통점을 찾는 것입니다. 이때 상대방이 몸에 지니고 있는 물건을 살펴보면 좋습니다.

　우선 상대가 신중하게 고른 것 같이 보이는 물건, 특별히 신경을 쓴 것 같은 물건을 주의 깊게 찾아봅니다. 남성의 경우, 손목시계 같은 작은 장신구에 신경을 쓰는 사람이 많습니다. 안경도 디자인을 고심해서 선택하는 사람이 점점 늘고 있습니다. 전자 기기를 좋아하는 사람도 늘고 있으니 그 사람이 사용하고 있는 스마트폰 등도 좋은 소재가 될 수 있습니다. 여성이라면 액세서리 등에 그 사람의 취미나 기호가 반영된 경우가 많으므로 이야기의 주제로 삼기 좋습니다.

　다만 말을 꺼내는 방법에 주의해야 합니다. 물건의 가격이나 출처 등 아주 사적인 질문은 상대가 먼저 말하기 전까지 하지 않는 것이 중요합니다(우리는 예능프로그램 리포터가 아니니까요). 가격이나 출처보다 물건을 보고 난 다음에 자신의 감상을 간단하게 전달하는 것이 현명한 방법입니다.

　"머플러 색이 정말 예쁘네요."

　"폭신해 보이는 것이 아주 부드러울 것 같아요."

　이런 식으로 칭찬을 받으면 "고마워요. 여행 갔다가 사왔어요" 같은 사소한 정보를 덧붙여서 대답하고 싶어지지 않나요? 상대방의 대답을 통해 '여행을 좋아하는 사람일까? 꾸미기를 즐기는 사람인가?' 같은 새로운 이야깃거리를 유추해볼 수 있습니다.

"여행을 좋아하시나 봐요. 어디에 다녀오셨어요?"

"사실 엄마랑 교토에 다녀왔어요."

이렇게 대화를 나누다 보면 어색함은 사라지고 즐거운 대화가 시작됩니다.

메시지가 크게 프린트된 티셔츠 등은 아주 좋은 대화 소재입니다. 이전에 함께 일하던 제작진이 'Crocodile Hunter(악어 사냥꾼)'라고 적힌, 티셔츠를 입고 있었습니다. 그것은 마치 '호주에 다녀왔습니다!' 하는 광고와도 같아서 좋은 대화 소재를 모르는 척하는 것은 예의가 아니라는 생각에 말을 걸었습니다.

"여름과 잘 어울리는 티셔츠네요. 어디 좋은 곳이라도 다녀왔나 봐요?"

아니나 다를까 호주에 취재를 다녀왔다면서, 한동안 기념품 이야기로 대화를 나눌 수 있었습니다. 어떤 메시지나 좋아하는 아티스트의 이름 등이 적힌 티셔츠는 그 사람의 취향을 한눈에 보여주는 경우가 많으므로 바로 대화에 적용할 수 있습니다.

그러기 위해서는 먼저 상대방을 관찰하는 일이 중요합니다. 관찰로부터 출발해 상대의 생각을 추적해보는 것이 제가 대화를 시작하는 방법입니다. 몸에 지니고 있는 물건으로 대화를 넓혀갈 수 없다면 주변 풍경도 훌륭한 소재가 됩니다.

예를 들면, 어색한 상대와 함께 지하철을 기다려야 한다면 "벌써

새 학기가 시작되었나 봐요", "오늘은 코트를 입지 않은 사람들이 많네요" 등 그저 눈에 보이는 모습 그대로 말을 해도 문제없습니다. 풍경 묘사도 괜찮습니다.

지하철에 타고 나서도 묵묵하게 손잡이만 잡고 있는 것이 어색하다면 지하철에 타고 있는 사람들에 대한 감상이나(예를 들어, '가방을 보니까 저 학생들은 배구부인 것 같죠?' 등) 지하철에 걸려 있는 일간지 광고를 보면서 "저 기사 재미있어 보이지 않나요?"라고 대화를 해 보는 것도 좋습니다. 지하철 광고도 내용뿐만 아니라 업종에 대해 이야기할 수도 있습니다.

"요즘은 털과 관련한 광고가 많네요. 탈모 치료나 가발 광고 말이에요."

"듣고 보니 그런 것 같네요."

모처럼 용기를 내서 건넨 질문에 상대가 웃어준다면 반은 성공인 셈입니다. 하지만 민감한 주제는 건드리지 않는 것이 포인트입니다. 눈에 보이는 그대로가 대화의 소재가 되다니 이보다 좋을 순 없습니다.

대화 상대방을 관찰하고 대화하기에 적절한 타이밍을 생각하는 습관만 들인다면 이 세상은 이야깃거리로 가득합니다. 평소와 같은 귀갓길에도 남들이 관심을 가질 만한 것이 뭐가 있을까, 저 사람에게 말을 건다면 어떤 주제가 좋을까 여러 가지 상상을 하면서 주변을 살펴보면 어떨까요. 이야깃거리는 물론이고 사물을 보는 시각도 넓어질 것입니다.

💬 **친절한 비밀 노트**

어색한 침묵이 흐르기 전에 눈에 보이는 사물을 활용하면 자연스럽게 대화를 시작할 수 있다.

진심어린 사과야말로
최고의 대화법

☺ 오랜만에 친구를 만난 자리에서의 일입니다. 한창 잡담을 나누며 즐거운 시간을 보내던 중, 일을 저질렀습니다.

"너희 아버지 노래방 참 좋아하셨는데. 놀러 가면 매번 노래방에 끌려가서 진짜 힘들었던 기억이 있어. 아직도 노래방 자주 가시고 그러니?"

이렇게 말을 하자 친구의 얼굴이 갑자기 어두워졌습니다.

"사실, 좀 편찮으셔서 입원해 계셔."

그저 추억거리를 말하려 했을 뿐인데, 친구 입장에서는 그다지 말하고 싶지 않은 주제를 꺼내고 만 것입니다. 저는 당황했습니다. 병이나 죽음 등 상대방과 가까운 사람의 불행을 건드린 경우에는 어떻게 하면 좋을까요? 이때만큼은 진심으로 사과를 하는 수밖에 없습니다. 악의가 없다는 사실을 상대방도 알아줄 것입니다. 순간의 어색함을 무마하고자 얼버무리며 도망가지 말고 제대로 사과를 하는 성의를 보여야 합니다. 그리고 걱정하는 마음을 전합니다. 누구라도 실언을 하는 일은 있습니다. 다만 실언을 실언으로 남겨둘 것인지는 그 후의 대응 방법에 달려 있습니다.

프로그램이 시작되기 전 사전 미팅에서 이런 일이 있었습니다. 이번에는 제작진에게 실언한 예입니다.

"어? 대본 수정 내용이 반영되지 않았어요."

"아, 정말 그러네요."

"제대로 챙겨주세요. 그러니까 애인한테 차이고 그러는 거예요."

저는 그저 가벼운 농담을 할 생각이었습니다. 그러나 제작진의 얼굴이 순간 굳어지고 말았습니다. 아니, 불과 10분 전만 해도 본인이 그렇게 말했으면서, 역시 다른 사람이 말하면 상처가 되려나? 어쩌지, 사과해야 할 것 같은데!

"미안해요. 조금 피곤해서 나도 모르게 그만 본심이…."

아니, 전혀 수습이 안 되잖아! 제 무덤을 판 기분인데! 당황하여 기분을 풀어주려고 하면 할수록 상처가 커집니다. 그럴 때일수록 비언어적 커뮤니케이션이 효과적입니다. 진심으로 미안한 표정과 손을 모으고 용서를 비는 듯한 행동을 하는 동시에 주변의 분위기도 살핍니다. 나의 실수를 질책하는 분위기가 남아 있다면 다시 한

번 진심을 담아 사과의 말을 건넵니다.

'이쯤 하면 정말 잘못했다고 생각하는 것 같아.'

'사과하려면 간식이라도 사와야 하는 거 아냐.'

이렇게 가벼운 농담이 나온다면, 한시름 놓을 수 있습니다.

실언인지 아닌지 바로 판단하기 어려울 때도 있습니다. 예를 들어, 회의 중간에 자신도 모르게 다른 사람이 진행한 과거의 프로젝트를 비난할 수도 있습니다. 그런 상황에서는 상대방도 바로 지적하기 어렵습니다. 나중에 다시 생각해보고, 혹시나 마음이 상하지는 않았을까, 화가 난 것은 아닌지 반성할 필요가 있습니다. 그런 경우는 회의가 끝난 다음에 개인적으로 찾아가서 사과하는 방법도 효과가 있습니다.

"제가 아까 기분을 상하게 한 것 같습니다. 죄송합니다."

집에 돌아가서 문자를 보내거나 때에 따라서는 전화를 합니다. 다음에 만날 때 작은 선물이라도 준비해갑니다. "지난번에는 정말 죄송했어요"라는 말을 곁들이면 더는 신경 쓰지 않아도 된다고 해줄지도 모릅니다. 혹은 상대방이 걱정한 것보다 그 일을 신경 쓰지 않을 수도 있습니다. 그래도 찜찜한 기분을 안고 있기보다 서로의 정신 건강을 위해 바로 사과하는 편이 훨씬 좋습니다.

그냥 넘기지 말고 제대로 진심을 전합니다. 상대를 위해 할 수 있는 일을 합니다. 그것도 성의의 하나입니다. '엎질러진 물'이라는 속담이 있습니다. 영어로는 'It is no use crying over spilt milk(엎질러진 우유를 보고 울어도 소용없다)'라고 합니다.

보고도 못 본 척 넘어가면 인간관계에는 두 번 다시 지울 수 없는 얼룩을 남기게 될 수도 있습니다. 나중에 그때 제대로 사과를 하는 편이 좋았겠다고 후회하는 것보다 빠르게 움직여서 얼룩을 지우고 다른 음료수를 준비하는 편이 훨씬 마음을 편하게 해줍니다.

자신의 잘못을 회피하지 않고 성실하게 말로 진심을 전한다면 관계가 회복될 뿐만 아니라 지금보다 더욱 돈독한 관계를 만들 수 있을 것입니다.

📮 **친절한 비밀 노트**

실언했을 때는 피하지 말고 진심으로 사과한다. 진심만이 용서받을 수 있다.

용기가 부족해서
하고 싶은 말을 못했을 때

☺ 여러분 모두에게는 용기가 나지 않아 하고 싶은 말을 못하고 나중에 후회하며 머리를 감싸본 적, 한 번쯤 있으리라 생각합니다. 그럴 때는 나만의 비밀 노트에 실패 원인을 확실하게 적어둡니다. 비밀 노트는 '지적 노트'나 '반성 노트', '노력 노트' 등 때에 따라 부르는 이름이 달라지지만, '더 잘했으면 좋았을 텐데' 하는 마음의 소리를 모아둔 노트입니다. 예를 들어, 저의 비밀 노트에는 이런 말이 쓰여 있습니다.

'고개를 너무 끄덕이지 말자, 고장 난 인형도 아니고 말이야!'

부끄러울 뿐입니다. 휘갈겨 쓴 글씨에서 그날의 기분이 느껴집니다. 이 문장은 TV 프로그램에 출연한 후에 급하게 적었던 것으로 기억합니다. 저는 라디오를 중심으로 일을 해왔기 때문에 말하는 동안의 제 모습을 객관적으로 볼 기회가 없었습니다. 그런데 TV 프로그램에 출연하면서 모니터에 비친 제 모습을 보니 신경 쓰이는 점이 한두 개가 아니었습니다.

'고개를 끄덕이는 동작'도 그중 하나였습니다.

상대방의 이야기를 제대로 듣고 있다는 의사를 나타내기 위해서 고개를 끄덕이는 동작은 중요합니다. 그러나 사회자가 고개를 너무 끄덕이면 TV를 보는 사람의 눈에는 거슬릴 뿐입니다. 정작 중요한 게스트의 이야기에 집중하는 것을 방해합니다. '왜 진작 알아채지 못했을까!' 하는 답답한 마음이 '고장 난 인형'이라는 문장에 잘 담겨 있습니다.

그 외에도 '이렇게 간단한 단어를 왜 제대로 읽지 못했지?'라든가 '좀 더 깊은 이야기를 끌어낼 기회였는데, 멍하게 있다가 날려버렸다' 등등 괴로운 감정이 적나라하게 적혀 있습니다. 그렇기 때문에 '나만의 비밀 노트'라고 이름을 붙였습니다.

대화의 흐름은 어떤 단어를 선택해서 어떻게 말을 하느냐에 따라 바뀌기 때문에 대화에서는 늘 무한한 선택지가 있습니다. 안전하고 확실하지만 많은 사람이 지나서 잘 다져진 예측가능한 방향이 있는가 하면, 조금 무섭지만 이제껏 본 적 없는 풍경을 마주할 수 있는 비포장도로도 있습니다.

겁쟁이인 저지만, 벌벌 떨면서도 가능하면 후자를 선택하고 싶습니다. 예를 들어 상대방이 아무리 어려운 거물급이라 해도 말꼬리를 잡거나, 상대방의 의중을 찌르는 말에 도전해보고 싶은 것입니다. 그러기 위해서는 큰 용기가 필요하지만, 만약 이 방법이 통한다면 대화의 장이 열려서 까다롭게 보였던 사람이 웃어주거나 기대하지 않았던 본심을 말해주는 경우도 있습니다. 그날의 대화를 상징할 수 있는 대답이 돌아올 때는 역시 용기를 내길 잘했다는 생각이 듭니다. 용기를 낸 자만이 느낄 수 있는 기쁨이 있습니다.

그런데 준비 부족으로 여유가 없거나 당황하면 어쩔 수 없이 확실한 길을 선택하게 됩니다. "네, 그러네요" 같은 무난한 맞장구만 치다 끝나거나 이미 잘 알려진 이야기밖에 하지 못합니다. 확실한 길을 선택한다 해서 틀린 것은 아니지만, 기억에 남을 만한 만남을 만들 수 있는 보너스는 받을 수 없습니다. 이런 날은 집에 돌아오는 길에 그날 나눈 대화의 내용을 되새기면서 조금 더 적극적이지 못했던 자신의 모습을 반성하면서 큰 한숨을 내쉬고는 합니다.

그렇다고 해서 계속 괴로워하고만 있을 수는 없습니다. 찝찝한 상태로 있기보다는 전부 노트에 쏟아냅니다. 그러고 나서 다음 대화를 위한 자양분으로 삼습니다.

몇 권인지 전부 세어보진 않았지만 제 업무 경력만큼의 역사가 있기 때문에 꽤 많은 양이 될 듯합니다. 제가 지금까지 방송을 하면서 저지른 모든 실수의 예시가 담겨 있습니다. 그때는 울면서 쓴 글이지만, 다시 읽어보면 웃으며 말할 수 있는 사소한 실수도 많습니다. 실수를 하면, 본전이라도 뽑겠단 생각으로 종이에 쓰거나 컴퓨터에 메모해서 속에 있는 찝찝한 기분을 모두 털어냅니다. 전체적으로 살펴보고 난 뒤에는 다음을 위한 에너지로 바꾸어야 합니다. 이 점을 의식하는 것만으로도 실수로 속상한 마음이 한결 가벼워집니다. 마음의 청소도 됩니다.

　과거에 하고 싶은 말을 하지 못해서 쌓인 후회는 훗날 현장에서 한 걸음 더 나아갈 용기를 낼 수 있게 해줍니다. 다만 마음의 소리를 적은 노트인 만큼, 다른 사람이 볼 수 없게 세심한 주의를 기울이면 좋겠지요.

💬 **친절한 비밀 노트**

비밀 노트에 아쉬움과 괴로움을 털어내면 더 대범한 도전을 해나갈 용기가 생긴다.

실수가
나의 발목을 잡지 않도록

☺ 피겨스케이팅 TV 중계의 내레이션을 담당했을 당시 무척 인상적인 모습이 있었습니다. 극한의 긴장 상태에서 자신의 순서를 기다리면서 이어폰을 끼고 음악을 듣거나 심호흡을 하거나 코치와 가벼운 스킨십을 하는 등 각자만의 방법으로 빙판을 향해 나아가는 담담한 선수들의 표정이었습니다. 실전을 앞둔 선수들의 집중력도 대단하지만, 무엇보다 놀라운 점은 연기에서 실수해도 무너지지 않는 강인한 정신력입니다. 예정된 점프를 어이없게 놓치거나 착지에서 균형이 무너져서 엉덩방아를 찧을 때도 있습니다. 경기장을 꽉 채운 관중의 술렁이는 소리에 집중력이 흐트러져도 톱클래스 선수들은 흔들린 기색을 나타내지 않습니다. 미소를 유지하면서 아무일도 없었다는 듯이 마지막 포즈까지 마무리합니다. 실패해도 결코

멈추지 않는 강인한 정신력의 원천은 과연 무엇일까요?

한번 내뱉은 말을 주워 담으려 해도 주워 담을 수 없는 것이 생방송입니다. 저도 아직 여러 가지 실수를 합니다. 그러나 계속해서 끙끙 앓고만 있으면 될 일도 안되는 법입니다. 실수한 후에 빠르게 의식을 바꾸는 일은 어렵지만, 매우 중요합니다.

신입 시절에는 방송 중에 발음이 꼬이거나 실수를 하면, '아, 창피해', '지금까지 실수 없이 잘했는데 이제 와서 틀리면 말짱 도루묵이네'라며 급격하게 우울해지곤 했습니다. 한번 실수한 뒤에 잔뜩 동요해서는 계속해서 실수를 연발하여 만신창이가 되는 일도 종종 있었습니다. 예를 들어, 이벤트를 알리는 원고를 읽을 때, 처음부터 실수한 날은 그저 빨리 끝내고 싶다는 생각만 듭니다. 그런 잡다한 생각으로 인해 집중력이 끊겨서 지금 어디를 읽고 있는지조차 잘 모르는 상태가 되기도 합니다.

사람이기 때문에 완벽하게 말하기는 사실상 불가능에 가깝습니다. 이를 머리로는 알고 있어도 실제로 실수를 하게 되면 자괴감에 빠질 수밖에 없지요. 그럴 때 머리를 감싸 쥐고 자책한다 한들 이미 지나간 일은 어쩔 수 없습니다. 그보다 중요한 것은 '지금부터 상대방을 어떻게 편하게 해줄 수 있을까' 하는 생각입니다. 듣는 사람을 기쁘게 할 수 있다면 앞선 실수도 만회할 수 있습니다. 잘만 된다면 결과적으로 좋은 인상을 남길 수도 있습니다.

이런 마음가짐은 아홉 시간 특별 편성 명절 특집 프로그램에서 배웠습니다. 아침 9시부터 오후 6시까지 한 가지 주제에 대하여 계속해서 이야기를 나누는 특집 프로그램이다 보니, 장시간 안정적으로 자신의 기분을 제어하는 것이 중요한 열쇠가 됩니다.

부끄럽게도 방송이 시작된 지 채 1분도 지나지 않아서 발음이 꼬여 대본을 제대로 읽지 못하는 사태가 벌어졌습니다. 자신의 한심함에 화를 내거나 풀이 죽는다면 앞으로 남은 여덟 시간 59분의 방송은 불을 보듯 뻔했습니다. 계속 자책을 하고 또 실수를 할까 두려워서 소극적이 되면 아무것도 할 수 없게 됩니다. 모처럼 라디오를 듣는 청취자에게도 실례이며, 자신도 즐기지 못합니다. 자책만 하고 있으면 누군가를 기쁘게 할 수도 없고, 도움이 되지도 않습니다.

함께 방송을 진행했던 한 아나운서가 이런 이야기를 해준 적이 있습니다. 신입 시절에 버스를 타고 전국 각지를 돌면서 리포터를 하던 시절에 있었던 일입니다. 자신의 방송 완성도가 마음에 들지 않아 돌아오는 버스 안에서 기분이 좋지 않은 상태로 조용하게 앉아 있었다고 합니다. 버스가 방송국에 도착하여 아나운서실에 돌아가려고 할 때 베테랑 운전기사가 자신을 불러 세우고는 이런 말을 해주었다고 합니다.

"우울해하는 건 자신의 자유지만, 우울한 기분을 티내는 건 프로답지 못하죠."

이 말에 망치로 머리를 얻어맞은 기분이었다고 합니다. 우울함으로 자신의 실수를 정당화하려고 했다는 사실을 깨달았기 때문입니다.

한 코미디언의 인터뷰 모음집에서 실수에 대해 언급한 구절도 떠오릅니다. 자신이 속한 사회인 야구팀 멤버가 실책을 범했을 때 이렇게 말했다고 합니다. "실책을 했으면 '실수였어! 다음부터 조심할게!' 하고 웃는 얼굴로 그냥 뛰어 들어오면 돼. 그러면 야구장 분위기가 순식간에 밝아져서 모두가 구원받은 기분이 되지. '누군가를 구원해주는 기분' 또 '누군가에게 구원받은 기분'. 이런 거, 너무 멋지지 않아?"

진심으로 멋진 분이라고 생각했습니다. 강한 정신력은 실수를 해도 웃어넘길 수 있느냐 없느냐에 달려 있을지도 모릅니다.

1초 전은 과거일 뿐입니다. 실수를 했더라도 누군가에게 위로를 받기 전에 자신의 기분은 스스로 다스립니다. 그리고 앞만 보고, 결코 그 자리에서 멈추지 말아야 합니다. 돌아보는 일은 나중에도 할 수 있습니다. 지금 이 순간, 이 장소가 아니어도 말이죠.

💬 **친절한 비밀 노트**

과거의 실수가 현재의 나를 망치지 않도록 마음을 단련하자.

목소리 다듬기

소리 내어 읽으면
우물쭈물 말버릇이 사라집니다

앞서 직접 자기 목소리를 녹음해서 듣기를 반복해야 자신의 문제점을 고칠 수 있다고 말했습니다. 그렇다면 의욕을 충전해서, 한 발자국 앞으로 나아가 봅시다. 먼저 스마트폰의 녹음 메모 기능을 실행해주시기 바랍니다. 시험 삼아 다음의 문장을 녹음하여 다시 들어보길 바랍니다.

간장 공장 공장장은 간 공장장이고, 된장 공장 공장장은 공 공장장이다.

내가 그린 기린 그림은 긴 기린 그림이고 니가 그린 기린 그림은 안 긴 기린 그림이다.

저기 가는 저 상 장사가 새 상 상 장사냐 헌 상 상 장사냐

경찰청 쇠창살 외철창살 검찰청 쇠창살 쌍철창살

이 문장은 신입 시절, 명확하지 않았던 발음을 어떻게 하면 듣기 쉽게 할 수 있을까를 고민하며 매일 주문처럼 읽었던 문장입니다. 처음에는 천천히 읽어도 괜찮습니다. 얼마나 확실하고 부드럽게 읽을 수 있느냐가 중요합니다. 가능한 수준에서 시작하여 서서히 속도를 높여갑니다. 운동이나 악기를 연습하는 것과 똑같습니다. 조금씩이라도 매일같이 정해진 양을 하다 보면 실력에 변화가 생깁니다. 양치질하듯이 습관을 들이면 더욱 좋습니다.

저는 수첩에 위 문장을 적은 종이를 끼워두고 아무도 없는 버스 정류장, 퇴근길, 집안일을 하면서 생각이 날 때마다 반복해서 읽었습니다. 얼마 지나지 않아서 "어? 그러고 보니 요즘은 웅얼거리는 게 조금 좋아진 것 같은데?"라는 주변의 칭찬을 듣고 매우 기뻤습니다.

거울을 보면서 입을 어느 정도 벌리고 있는지, 눈으로 확인하면서 반복하면 이해도 잘되고 더욱 빠르게 익힐 수 있습니다. 자기 생각만큼 입은 많이 벌어지지 않습니다. 거울을 보면서 어느 정도 입을 벌리면 발음이 확실하게 들리는지를 반복해서 연습하길 바랍니다.

마지막으로 무슨 일이든 스스로 즐겁지 않으면 지속할 수 없습니다. 같은 문장만 계속 연습하면 질리기 마련입니다. 그렇지 않아도 처음의 넘치던 의욕은 날이 갈수록 줄어듭니다. 그럴 때는 스스로에게 주는 보상처럼 평소에 좋아하는 문장이나 글귀도 소리 내어 읽으면 더욱 효과가 있습니다. 흥미로운 신문 기사, 재미있는 잡지, 좋아하는 소설, 가벼운 에세이 등 무엇이라도 좋습니다.

활자를 눈으로 따라가며 테이블 반대편에 있는 누군가에 들려주는 기분으로 음독하면 소리에도 자연스럽게 표정이 생깁니다. 처음에는 어렵지만, 시간이 지날수록 긴 문장도 물 흐르듯이 읽을 수 있게 됩니다. 매일 조금이라도 입을 움직이는 것이 중요합니다. 물론 녹음도 잊지 말아주세요. 즐기면서 지속하는 것이 무엇보다 중요합니다.

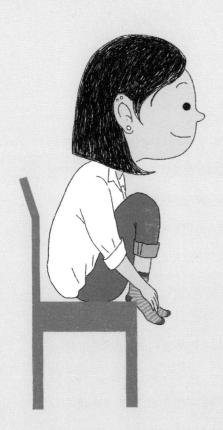

제4장

다시 만나고 싶은
사람이 되려면

칭찬보다 듣기 좋은
독설의 효과

☺ 한번은 프로그램 주제에 맞게 시청자가 보낸 문자를 읽어주는 방송에 출연한 적이 있습니다. 시청자가 보낸 짓궂은 독설을 출연자가 낭독하는 것이 프로그램의 웃음 포인트였지요. 제가 출연했던 회차의 주제는 '실연당한 청취자에게 대체 무슨 말을! DJ, 뭐라고요?'였습니다. 제가 맡은 역할은 당연히 DJ였습니다. 당시의 설정은 제목자 그대로, 실연당한 청취자가 보내온 사연을 읽은 뒤 '글씨 진짜 못쓰네요!'라고 독설을 내뱉거나 '그래서 어쩌라고요'라고 무시하거나 아무런 대꾸 없이 교통 정보를 내보내는 등의 시청자 지령을 그대로 따라 하는 것이었습니다. 라디오에서 하면 안 되는 말을 희희낙락하며 전파에 실어보낸 터무니없는 DJ가 된 밤이었습니다. 당시 그 프로그램의 진행자는 "저런 DJ 실제로 있으면 당장 해

고야!"라며 웃었습니다. 저는 뭔가 새로운 경지에 들어선 기분이 들었습니다. 어쩐지 속이 시원해지는 느낌도 들었습니다.

이 프로그램은 매회 해당 주제의 전문가가 등장하여 그들이 평소에는 절대 하지 않을 법한 대사를 읽는 것으로 웃음을 유발합니다. 유명 축구 해설가가 백치미를 뿜내며 축구 경기를 중계하거나 내비게이션이 운전자에게 폭언을 하는 상황이 바로 그렇습니다. 제가 맡은 독설 DJ의 역할은 그후 '프로그램 오프닝에', '크리스마스에' 등 상황을 바꿔가서 10회 이상 방영되었습니다. 이 프로그램을 통해 저는 아이러니하게도 독설이 꽤 유용하다는 사실을 깨달았습니다. 그저 욕설을 내뱉어서 속이 후련해지는 독설이 아니라(그런 응어리는 땅에 묻은 항아리에나 외쳐주세요), 듣는 사람도 즐거워지는 예능 성격의 독설입니다.

이러한 '웃긴 독설'은 평소에는 하지 못하는 말, '바로 그거지!' 싶은 본심을 유머로 잘 포장하여 사람들을 즐겁게 하고 분위기를 띄웁니다. 때때로 독설은 상대방과의 거리를 좁혀주는 역할을 하기도 합니다.

독설을 잘하는 사람은 하고 싶은 말을 돌려 말하지 않습니다. 상대방의 눈치를 살피면서 적당히 얼버무리지 않고 본심을 바로 말합니다. 독설에는 거짓이 없습니다. 뒤에서 험담하는 것보다 훨씬 건전하며 어떤 면에서는 겉과 속이 똑같다고 할 수 있습니다.

한 가지 확실히 해두고 싶은 사항은 여기서 말하는 '독'은 상대방을 상처 입히기 위해서가 아니기 때문에 애정이 전제되어야 한다는 것입니다. 애정이 없는 독설은 공감하기 어려우며, 아무런 효과도 없습니다.

벨기에서 살았을 때, 집 근처에 자주 가던 작은 빵집이 있었습니다. 그 빵집 주인은 동네에서 알아주는 독설가였습니다. 아무리 손님이라도 머릿속에 떠오른 생각이 있다면 거침없이 내뱉고야 말았습니다.

하루는 관광객으로 보이는 여학생이 진열대 앞에 서서 무슨 빵을 살지 계속 고민을 하고 있었습니다. 망설이는 시간이 길어지다 보니 여학생 뒤로 긴 줄이 생겼습니다. 쉽게 결정을 내리지 못하는 학생 때문에 줄을 선 사람들이 슬슬 짜증을 내기 시작했습니다. 그때 주인 아주머니가 툭 하니 한마디 내뱉었습니다.

"학생, 빵 하나 사는 데 그렇게 고민을 하면 나중에 프러포즈 받아도 고민만 하다 남자들 다 도망간다. 정신 차리고 보면 그땐 이미 할머니가 됐을지도 몰라!"

기다리던 손님도 마음속으로 '말 한번 시원하게 잘하네, 역시!'라며 미소를 짓습니다. 그때서야 자신의 뒤로 생긴 긴 줄의 존재를 알아차린 여학생이 당황하면서 사과를 했습니다. 그러자 주인은 웃으며 한마디를 덧붙입니다.

"예쁜 사람은 결정도 빠른 법이야! 학생같이!"

단골손님들은 그런 아주머니의 모습이 익숙한 듯 하나같이 즐거워 보입니다.

진열대 앞에서 계속 고민하는 여학생에게 "빵 안 살 거예요?"라고 말하는 것은 요령이 부족합니다. 주인의 독설은 다른 사람의 기분을 대변하면서도 본인에게 그 의도를 직설적으로 전달하는 동시에, 유머와 칭찬을 자연스럽게 포함하고 있습니다. 손님을 향한 애정이 담긴 장인의 솜씨가 돋보이는 지점입니다.

"또 올게요"라고 하는 손님에게는 이렇게 한마디를 던집니다.

"오기만 하지 말고 빵도 많이 좀 사가. 좋아하는 건포도가 들어간 빵, 만들어둘 테니까!"

손님도 어쩔 수 없다는 듯 고개를 절레절레 흔들면서도 얼굴에서 미소가 떠나지 않습니다. 어느 순간부터 저 역시 직설적인 주인 아주머니의 성격에 반해 팬이 되었습니다. 듣는 사람의 입장에서는 그야말로 독도 약도 되지 않는 인사치레를 늘어놓는 것보다 깔끔하고 시원하게 말해주는 편이 말하는 사람의 진심과 인품을 느낄 수 있어 좋습니다.

모처럼 인연이 되어 만났다면 서로에게 눈치만 보는 대신 유머가 섞인 독설로 진심을 드러내보세요. 관계가 깊어질 수 있을지 모릅니다. 다만, 반드시 애정이 동반되어야 함을 기억하길 바랍니다. 제가 연기한 독설 DJ 역할에도 라디오와 청취자에 대한 애정이 있었다는 사실도요!

💬 친절한 비밀 노트
애정이 담긴 독설로 진심을 효과적으로 전달할 수 있다.

'닮고 싶다'는
생각이 들게 하는 사람들

☺ 연예계에서 활동하는 뮤지션이나 배우들은 짧은 시간 안에 강렬한 인상을 남기지 못하면 살아남기 어렵습니다. 따라서 자신의 무기를 잘 파악하는 것이 중요하지요. 게스트로 등장하는 분들의 모습을 보면 등장할 때의 인사말 하나에도 캐릭터가 잘 나타납니다.

예를 들어, 일본 포크계의 거장 이노우에 요스이 씨의 인사말은 "잘 지내시죠?"입니다. 어린 시절 TV 광고에서 보았던 이 인사말은 듣자마자 강한 향수와 반가움을 일으킵니다. 비행기 기내 방송용 녹화를 위해 만났을 때도 이 대사로 인사를 해주셔서 굉장히 기뻤습니다. 콘서트나 음악 프로그램, 예능 프로그램에서도 이노우에 씨의 이 한마디 인사면 현장의 분위기가 달아오릅니다. 비단 연예인뿐 아니라 우리 각자에게는 자신만의 캐릭터가 있습니다. 만일 여러분이 다른 사람에게 강한 인상을 남기고 싶다면, 먼저 자신의 캐릭터를 파악하는 일부터 시작해야 합니다.

캐릭터는 주변 사람이 보는 나의 모습과 남들이 봐줬으면 하는 내 모습이 더해져 만들어진다고 할 수 있습니다. 가족과 있을 때의 나, 직장에서의 나, 부모님 모임에서의 나, 동아리 모임에서의 나, 오랜 친구와 함께 있을 때의 나 등 사람은 수많은 집단에 소속되어 생활하지만 각 집단에서의 캐릭터에는 조금씩 차이가 있습니다.

장소와 주변 사람에 맞추어 조금씩 태도를 바꿀 필요는 있지만, 각 집단에서의 내 캐릭터를 완벽하게 분리하려고 하다 보면 원래의 나는 결국 망가지게 됩니다. 갈팡질팡하다 보면 자기 자신만 피곤해질 뿐입니다.

그렇다면 나에게 가장 적절한 캐릭터는 어떻게 알 수 있을까요? 저도 이 질문에 대한 답을 계속 찾아왔습니다만, 나름의 결론을 내리자면 주변 사람이 생각하는 나와 내가 주변 사람에게 보여주고 싶은 나 사이에 간극이 없이 일치한 상태가 아닐까 합니다. 이 캐릭터가 뚜렷한 사람은 보이고 싶은 자신의 모습을 다른 사람에게 능숙하게 표현할 수 있습니다.

스스로 캐릭터가 뚜렷하지 않거나 특별한 캐릭터가 없다고 느끼는 사람은 조금 더 확실하게 남들이 자신을 어떻게 봐주었으면 좋겠는지를 의식하면 좋을 듯합니다.

말은 잘 못하지만, 늘 미소가 끊이지 않는 사람

누구에게나 예의가 바른 사람

모든 사람에게 웃어주는 사람

어렵게 생각하지 말고 평소에 되고 싶다고 생각한 캐릭터를 하나 정해보세요. 그러고 나서 그 모습을 자신의 행동 신조로 삼습니다. 그러면 주변에서도 그 사람이 어떤 사람인지 파악하기 쉬워집니다.

저도 다른 사람이 봐주었으면 하는 모습이 있습니다. 바로 '늘 기분이 좋은 히데시마 씨'입니다. 항상 기분이 좋아 보이는 사람은 또 만나고 싶은 생각이 들지 않나요? 실제로 그런 사람이 될 수 있을지 없을지는 나중 문제로 두고, 마음속에 '늘 기분 좋게'라는 신조를 두고 짜증이 나거나 불만을 토로하고 싶어질 때 자신을 조절할 수 있다면 좋지 않을까요? 자신이 정한 캐릭터는 자신의 행동 기준이 됩니다. 캐릭터를 정해두면 언제 누구를 만나더라도 자아가 흔들리지 않기 때문에 심리적으로도 편해집니다.

물론, 매일 똑같은 모습으로 있을 수는 없습니다.

'저 사람은 항상 기분이 좋아 보여도 냉정할 땐 또 냉정해요.'

'저 사람은 항상 밝고 활기차 보이지만, 술만 마시면 울보가 돼요.'

이처럼 가끔 빈틈을 보이더라도 상대에게는 인간적인 매력으로 비칠 것입니다. 이런 매력도 자신의 캐릭터가 있어야만 발견할 수 있습니다.

　이 글을 읽고 나서 나의 캐릭터는 무엇인지, 나는 다른 사람에게 어떻게 보이고 싶은지를 한 번쯤 생각해보면 어떨까요? 우리 삶에는 매일같이 다양한 일이 일어나고 기쁠 때도 슬플 때도 있습니다. 우리의 감정 상태 역시 매 순간 빠르게 변합니다. 그러나 자신의 캐릭터를 의식하면 업무에서는 물론 모임에서도 고민할 일이 줄어듭니다.

💬 친절한 비밀 노트
남에게 보이고 싶은 모습을 신조로 삼아 행동해본다.

상대가 누구든
경청하는 자세

☺ 2015년, 아이들의 장래 희망을 주제로 한 프로그램에서 우주비행사이자 일본과학미래관의 관장인 모리 마모루 씨를 게스트로 초대하여 공개방송을 진행한 적이 있습니다. 부모와 아이 청취자 30쌍 총 60명을 초대하였고, 행사장은 모인 사람들로 북적였습니다. 아이들은 모두 우주에 가고 싶다는 동경 어린 눈빛을 반짝이며 모리 씨의 이야기에 집중했습니다.

인터뷰 이후 질의응답 시간이 되었습니다. 아이들이 얌전하게 있어 줄지, 질문을 하지 않으면 어쩌지 걱정을 하고 있었는데, 전부 저의 기우였습니다. 질문이 있는 어린이는 손을 들어달라는 말이 끝나자마자, 아이들은 적극적으로 손을 들었습니다.

"저쪽에 앉은 친구가 질문해볼까요?"

마이크를 잡은 건 초등학교 1학년 정도 되어 보이는 남자아이였습니다. 약간 상기된 얼굴로 곰곰이 생각한 끝에 질문을 했습니다.

"우주에서 뜨지 않는 것도 있어요?"

긴장한 기색이 역력했지만 당찬 목소리에 행사장에 모인 어른들은 귀엽다는 듯이 미소를 지었습니다.

하지만 모리 씨는 달랐습니다.

"아주 좋은 질문입니다."

어린아이가 아닌 마치 어른을 대하듯이 대등한 입장에서 진지하게 이야기하는 모리 씨의 모습에 감명을 받았습니다. 인터뷰의 상대가 어린아이라면 자신도 모르게 반말을 하거나 어린아이의 말투를 흉내 내는 경우가 많습니다. 평소에 잘 사용하지 않는 말투임에도 불구하고 아이들을 만나면 저 역시 아이의 말투가 되고 맙니다.

모리 씨는 진지한 표정으로 계속 말을 합니다.

"우주에서 끈적이는 물체는 뜨지 않습니다."

"끈적이는 거요?"

아이의 순수한 대답에 행사장은 미소가 절로 지어지는 분위기가 되었지만, 모리 씨는 남자아이를 똑바로 마주하고 대화를 나눕니다.

"자, 어떤 것이 있을까요? 생각해볼까요?"

아이는 잠시 생각을 한 뒤, "물엿!"이라고 답했습니다. 행사장은 다시금 훈훈한 분위기가 감돌았습니다.

'좋았어, 이 분위기를 이어서 다음 질문을 받아볼까' 하고 진행을 이어 가려던 찰나, 모리 씨가 계속해서 말을 이어갑니다.

"그렇습니다. 물엿! 아주 좋은 대답입니다."

모리 씨는 그렇게 마지막까지 진지한 태도로 질문에 임했습니다. 많은 사람 앞에서 질문을 하고 칭찬받은 일은 그 아이에게는 평생 잊히지 않는 소중한 추억이 되리라고 생각합니다. 방대한 우주에 대한 이야기에 이어서 일대일 커뮤니케이션의 기본을 배울 수 있었던 경험이었습니다.

질문한 상대에게 다시 질문하는 행위는 당신의 말을 듣고 있다는 신호와도 같습니다. 모리 씨는 대화는 일방통행이 아닌 함께 만들어 가는 것이라는 기본 중의 기본을, 어린아이를 상대할 때도 제대로 지키고 있었습니다.

신입 시절에 모처럼 용기를 내서 제출한 아이디어가 "네가 뭘 모르니까 그런 소릴 하는 거야"라고 간단하게 무시당한 경험, 있지 않습니까? 혹은 "젊은 사람들이 다 그렇지"라며 무시당한 적은요? 잘 검토하면 충분히 좋은 아이디어로 이어질지도 모르는데 말이죠.

지위나 형편에 따라 사람을 판단해서는 안 된다는 중요한 사실을 아이들과 대화를 주고받는 모리 씨의 모습에서 다시 한 번 배웠습니다. 어떤 의견이라도 그 속에서 아이디어를 얻고자 하는 자세는 역시 우주 비행사로서 극한의 세계를 경험했기 때문에 나오는 것일지도 모릅니다. 지구의 상식과 전제가 통용되지 않는 '우주'라는 세계에서는 눈앞에 보이는 것이 전부입니다. 생사가 달린 상황에서 더구나 우주 왕복선이라는 한정된 공간에서는 다른 경험과 문화를 가진 사람들과 커뮤니케이션을 하면서 버텨야만 합니다.

상식적으로 생각하는 사람은 신입의 아이디어를 하찮게 여길지도 모릅니다. 그러나 모리 씨는 어떤 입장의 의견이라도 먼저 있는 그대로 받아들이고 미래를 위한 힌트를 찾으려 합니다. 이런 열린 자세는 생산적일 뿐 아니라 의외의 좋은 발견을 이끌어낼 수 있습니다.

'누가 말하느냐보다 무엇을 말하느냐가 중요하다' 반대로 '무엇을 말하느냐보다 누가 말하느냐가 중요하다' 등 다양한 의견이 있지만, 사람과 사람의 관계에서 중요한 것은 평등입니다. 만나면 기분 좋은 사람, 다시 만나고픈 마음이 드는 사람들이란 사물을 있는 그대로 바라보는 올바른 눈을 가진 사람이 아닐까요.

📧 친절한 비밀 노트
상대가 누구든 귀를 기울이는 자세야말로 진보의 첫발을 만들 수 있다.

평온한 자세가
편안한 대화를 부릅니다

☺ TV 프로그램에 출연하면서 가장 적응하기 어려웠던 일은 시선 처리였습니다. 카메라를 볼 때는 렌즈에 시선을 고정하고 계속해서 응시하지 않으면 시청자를 불안하게 합니다. 이러한 사실을 알면서도 긴장을 하면 무심코 시선을 돌리게 됩니다.

"1번 카메라를 계속 봐주세요."

카메라 감독의 지시에 따라 카메라를 쳐다보지만, 이내 동공이 움직이고 맙니다. 처음 카메라 앞에 섰을 때에는 어디를 봐야 할지 몰라서 당황했습니다. 스튜디오에는 카메라가 네 대나 있고, 공동 진행자와 게스트도 있습니다. 그리고 바로 앞에는 방청객도 앉아 있기 때문입니다.

"1번 카메라를 보고 VTR을 소개해주세요."

이런 지시가 있어도 처음에는 1번 카메라가 어디 있는지 바로 찾지 못하고 두리번거리기 일쑤였습니다.

카메라에 익숙지 않은 자신의 모습을 보는 일은 고행에 가깝습니다. 내 모습이 찍힌 장면을 통째로 삭제해서 평생 보고 싶지 않다고 생각할 정도였지만, 굳게 마음을 먹고 영상을 돌려보던 중에 유독 거슬리는 모습이 있었습니다. 두리번거리지 않는 일에만 너무 신경 쓴 나머지 카메라를 찾는 눈매가 매우 사나워 보인다는 사실을 발견한 것입니다. 이야기에 집중하고 있지 않는 것이 화면 밖에서도 그대로 느껴져서 지켜보는 사람을 불안하게 했습니다. 그럴 땐 차라리 몸 전체의 방향을 바꾸는 편이 낫습니다. 자신도 모르게 흘끗 흘끗 눈동자만 움직이기 쉬우니 사람을 볼 때는 상체 전체가 상대방을 향하게 해야 합니다.

또 한 가지 신경이 쓰였던 점은 흔들리는 몸이었습니다. 스스로는 자세를 바로 하고 있다고 생각했지만, 중심을 잡지 못하고 상체가 지속적으로 흔들거리고 있었습니다. 긴장하거나 흥분하면 자세는 더욱 불안정해집니다. 이는 자신감이 부족한 상태에서 오는 불안감이 표출된 것이라고 생각합니다. 이런 모습 역시 지켜보는 사람을 불안하게 합니다.

영상 매체에 익숙하지 못한 저와 비교하여 함께 진행한 아나운서에게서는 놀라울 정도로 안정감이 느껴집니다. 서 있어도 전혀 흔들림이 없고, 앉아 있을 때도 등을 곧게 펴고 움직임에 군더더기가 없습니다. TV를 통해 보는 아나운서에게서 시청자가 안정감을 느끼는 이유는 문자 그대로 몸이 안정되어 있고 몸에서 발생하는 소음이 적기 때문입니다. 아나운서는 데뷔 날을 기다리며 몇 달씩 철저하게 훈련을 반복합니다. 당연한 말이지만, 보이는 자세와 시선 처리, 안정된 동작 등 모두가 프로로서 카메라 앞에 서기 위한 훈련을 했기 때문입니다.

카메라의 위치조차 제대로 찾지 못하는 제가 훈련을 받은 아나운서와 똑같을 순 없지만(이라고 뻔뻔하게 말해봅니다), 시선을 한곳에 고정하는 것은 생각보다 어렵다는 사실을 경험하게 되었습니다. 허둥대는 모양을 '갈팡질팡하다'라고 하는데 당황하거나 긴장을 하면 사람의 눈은 갈피를 잡지 못하고 이리저리 움직이고 맙니다. 면접이나 데이트 등과 같이 특히 긴장감이 심해질 때, 절대 수상한 행동을 하는 것처럼 보이고 싶지 않을 때일수록 슬프게도 시선은 마구 흔들립니다. 상대방과 눈을 마주치는 일을 의식하면 의식할수록 노려보는 모양새가 되어 상대방을 무섭게 하거나 눈을 더는 쳐다보지 못하고 결국 시선을 돌리게 됩니다.

자연스럽게 상대방의 얼굴을 바라보는 비법은, 눈이 아닌 코 주변을 부드럽게 쳐다보는 것입니다. 그렇게 하면 눈빛도 부드러워져서 상대방이 부담스러워 하는 일도 없어집니다. 간혹 미간을 보라는 사람도 있는데 물론 눈 대신 미간을 봐도 좋습니다.

사람은 상대방의 어떤 부분에서 신뢰와 안정감을 느낄까요? 몸이 보내는 말, 바로 비언어적 커뮤니케이션을 통해서입니다. 눈동자만 움직이거나 몸을 흔들지 말아야 하는 간단한 이유는 상대방을 불안하게 하기 때문입니다.

물론 우리는 아나운서가 아니기 때문에 손을 움직이거나 고개를 끄덕이는 등의 움직임은 오히려 적극적으로 하면 좋은 행동이라고 생각합니다. 다만 상대방을 방해하는 소음을 만들지 않도록 행동을 조심할 필요는 있습니다.

전형적인 소음으로는 다리를 떨거나 팔짱을 끼는 동작이 있습니다. 이러한 몸짓은 짜증 혹은 불안함, 상대방을 거부하는 방어의 표현으로 읽힙니다. 그 외에도 펜을 계속해서 똑딱이는 행위, 머리를 자주 쓸어 넘기거나 안경을 계속해서 만지는 동작은 모두 상대방이 대화에 집중하지 못하게 방해합니다. 대화를 나눌 때 자신이 하는 행동은 모두 상대방의 눈에 들어올 수밖에 없다는 것을 기억할 필요가 있습니다.

상대방을 불안하게 하는 버릇은 없애는 편이 좋습니다. 실수 없이 잘해내고 싶은 일이 있을 때는 그 일이 있기 일주일 전부터 가족이나 친한 주변 사람에게 자신이 하는 무의식적인 행동 중에 상대를 불편하게 하는 행동은 없는지 말해달라고 부탁하는 것도 좋습니

다. 무의식중에 몸에서 발생하는 소음을 줄이는 것 역시 대화를 나

눌 때 집중력을 높이는 효과적인 방법입니다.

친절한 비밀 노트

소음을 만드는 동작을 줄이면 대화의 몰입도가 높아진다.

혼자 남겨지는 사람이
없는 대화

☺ 모두가 화기애애하게 즐기는 자리에서 혼자만 동떨어진 기분이 들 때는 마음에 상처가 생깁니다. 집에 가고 싶다는 생각만 간절해지고 자리를 지키고 있기가 어려워집니다.

목소리를 쓰는 일 중 하나로 내레이션이 있습니다. 내레이션은 녹화가 끝난 영상을 보면서 목소리를 덧입히는 작업이기 때문에 내레이션 녹음은 대개 녹음실 안에서 혼자 진행합니다. 출연자와 만나지 않고도 일이 끝나는 경우가 대부분입니다.

내레이터로 참여한 프로그램의 회식 자리에 초대받는 일이 종종 있지만, 혼자만 처지가 다르기 때문에 출연자와 제작진이 촬영 중에 있었던 에피소드 등으로 즐겁게 이야기를 나눌 때 혼자만 대화에 끼지 못하는 일이 자주 있습니다.

그때 눈치만 보면서 분위기에 섞이지 못해도 괜찮다며 강한 척, 아무렇지 않은 척하면 대화에 끼어들기는 더욱 어려워지고 점점 소외되는 기분이 듭니다. 그렇기 때문에 적극적으로 대화에 끼어들기 위해 더욱 노력합니다. 그럴 때 누군가 먼저 말을 걸어주고 대화에 자연스럽게 섞일 수 있게 도와주면 마치 백마 탄 왕자님이라도 만난 기분이 듭니다.

프로그램의 종방연이나 회사의 회식은 모두 모여 즐거운 시간을 보내고, 서로의 노고를 격려하기 위한 자리입니다. 그러나 많은 사람이 모이는 자리에서는 자신의 행동만 신경 쓰기 쉽습니다. 그런 와중에 한 명 한 명 모두를 배려하는 사람을 보면 다정한 사람이라는 생각이 듭니다.

그룹 안에서 이루어지는 대화는 큰 접시에 나오는 음식과 같습니다. 모두가 함께 즐기기 위해서는 균형이 중요합니다. 자신이 좋아하는 음식이 나오는 순간에 기다렸다는 듯이 전부 가져가는 사람이 종종 있습니다. 본인은 신이 나서 주변 사람이 보이지 않는 모양이지만, 이야기의 주도권을 쥐고 쉴 틈 없이 말하는 사람을 향해 모두 내심 쓴웃음을 짓습니다. 잘 아는 주제일수록 다른 사람보다 여유를 가질 수 있으니 혼자 잘난 체하며 나서기보다 다른 사람에게 먼저 기회를 주면 어떨까요?

예를 들어, 그룹에서 대화를 나눌 때 당신이 좋아하는 연극에 관한 이야기가 나왔다고 가정해봅시다. 거기서 자신이 가진 모든 지식을 총동원하여 늘어놓으면 보는 사람을 불편하게 만듭니다. 먼저 분위기를 살피면서 적당한 거리를 두고 대화에 끼지 못하는 사람이 없는지 살펴봅니다. 한 명이라도 잘 모르는 듯한 주제가 나오면 자연스럽게 설명을 추가합니다. 혹은 타이밍을 보면서 "○○씨는 연극보다 뮤지컬을 더 좋아하세요? 아니면 만담은 어떠세요?"라고 방향을 바꾸어 말을 건네는 방법도 있습니다. 많은 사람이 모인 자리에서는 큰 접시에 나온 음식(화제)을 모두 함께 즐길 수 있도록 균등하게 나누는 역할이 되어보길 바랍니다. 좋은 인상을 남길 수도 있고, 그룹 안에서도 대화에 끼지 못하는 사람을 배려하는 분위기가 만들어져서 좋은 대화의 흐름을 이어 갈 수 있게 됩니다.

그러면 자신이 전혀 모르는 주제가 나왔을 때는 어떻게 하면 좋을까요? 관심이 없는 주제일지라도 겉으로 드러내지 않는 것이 어른의 매너입니다. 듣다 보면 도움이 되는 정보를 얻을 수도 있으니 일단 웃으며 이야기를 들어줍니다. 또 중간중간에 상대방의 말을 듣고 있다는 의사를 표시하면 주제가 바뀌어도 자연스럽게 대화에 끼어들 수 있습니다.

공적으로도 사적으로도 모임에 자꾸 부르고 싶은 사람, 함께 모임을 갖고 싶어지는 사람은 어떤 상황에서도 대화에 끼지 못하는 사람이 없도록 모두를 배려할 줄 아는 사람입니다. 그런 사람은 어디에서라도 사랑받으며 스스로 새로운 만남을 만들 수도 있습니다. 그리고 결국에는 다른 누구보다 몇 배는 더 즐거운 시간을 보낼 수 있으리라 생각합니다.

💬 친절한 비밀 노트

대화의 주제를 공평하게 잘 배분하는 사람일수록 즐거운 대화 상대가 될 수 있다.

충고에 앞서
칭찬을 먼저

☺ 리더의 자리에 있는 사람은 멤버가 의견을 내기 쉬운 분위기를 만들도록 노력해야 합니다. 카리스마 있게 팀을 이끄는 강한 리더도 좋겠지만, 그런 스티브 잡스 같은 사람은 몇 만 명에 한 명 있을까 말까 합니다. 대부분의 사람들은 문득 떠오른 아이디어나 깨달음을 대화라는 방식을 통해 공유하여 자신에게도 팀에게도 새로운 자극을 줍니다. 따라서 타인에게 의견을 전하거나 상대의 의견을 들을 때 대화의 자세가 중요합니다.

제가 담당하는 라디오 프로그램의 멤버로 남자 AD(어시스턴트 디렉터)가 새로 들어왔을 때의 일입니다. 라디오 현장은 소수 인원으로 운영됩니다. 열 명 정도가 한 팀을 이루기 때문에 한 명이 맡은 역할의 비중이 매우 큽니다. 그렇기 때문에 새로 들어온 사람이라도 한 팀이 된 순간부터 소중한 전력이 됩니다. 그래서 한 명 한 명이 투입될 때마다 팀에 바로 스며들어 겁내지 않고 일을 해내기를 바라게 됩니다.

사실 저도 통역 아르바이트로 방송국에서 AD 일을 잠시 한 적이 있기 때문에 낯선 장소에서 신입이 얼마나 긴장할 수밖에 없는지, 그 기분을 잘 압니다. 그래서 신입을 맞이할 때는 아무리 사소한 일이라도 소외되지 않도록 대화합니다. 아침 인사는 기본이고 일에는 익숙해졌는지, 힘든 일은 없는지 얼굴을 마주칠 때마다 말을 겁니다. 사이가 조금 가까워졌다 싶을 때는 가벼운 농담도 주고받습니다. 예를 들어, 회의가 있을 때 커피를 타주면 이렇게 반응합니다.

"혹시 바리스타예요? 너무 맛있어요!"

인스턴트커피이기 때문에 바리스타를 운운할 필요가 없다는 사실을 알면서도 말이죠. 홋카이도 출신인 그의 컴퓨터에 붙은 '곰 출연 조심!'이라는 표어 스티커를 발견하고는 "롯폰기에 곰은 안 나올 텐데…."라고 말하기도 했습니다. 상대방의 웃음을 끌어내는 가벼운 농담 말이죠. 저뿐만 아니라 프로듀서, 디렉터, 엔지니어도 신입이 조금이라도 빨리 긴장을 풀기 바라는 마음으로 이런저런 농담을 건넵니다. 그에게 부탁한 일이 있으면 감사 인사와 함께 근무 태도를 칭찬합니다. 사소한 일이라도 누군가에게 도움이 되었다는 사실을 직접 느끼면 자신감이 생기기 때문입니다.

이렇게 평소에도 서로를 자연스럽게 격려하기 때문에 조금 듣기 싫은 말이 생기더라도 용기를 내어 일을 할 수 있는 분위기가 만들어집니다. 디렉터도 구성 작가도 AD도 DJ도, 개선될 수 있는 지점이 있다고 판단되면 '충고와 조언도 일이니까'라고 생각하며 서로에게 전달해줍니다. 그때는 인신공격이 아닌 '칭찬 – 주의 – 조언 – 피드백'의 사이클이 되도록 주의해야 합니다.

예를 들어, 매번 원고 완성이 늦어지는 구성 작가가 있었습니다. 방송 하루 전 늦은 밤까지도 원고가 완성되지 않는 일이 빈번하게 발생했습니다. 완벽을 추구하는 성격으로, 스스로 만족할 때까지 몇 번이고 퇴고를 반복하기 때문입니다. 그로 인해 정확하지 않은 정보가 거의 없는 반면 원고가 너무 촉박하게 도착하는 것이 문제였습니다. 원고가 완성될 때까지 다른 제작진은 아무 일도 하지 못합니다.

이럴 때는 매번 좋은 원고를 완성해줘서 고맙다고 '칭찬'을 하고, 다른 사람들도 준비할 시간이 필요하니 방송 하루 전날 저녁까지는 원고를 보내줬으면 좋겠다는 '주의'를 덧붙입니다. 이때는 '신경질적', '우유부단' 같은 인신공격 발언을 하지 않는 것이 중요합니다. 어디까지나 행동만 지적하여 그 행동이 어떤 영향을 미치는지를 설명합니다. 그리고 개선 방법에 대한 조언을 추가하여 상대방에게 도움이 되는 정보를 전달하면 더욱 효과적입니다.

예를 들면, '꼼꼼한 일 처리에 속도까지 더해진다면 세계 최고가 될 수 있을 거예요!' 같이 말입니다. 이런 방법으로 원고가 도착하는 시간이 빨라졌다면 잊지 말고 피드백을 합니다.

"덕분에 디렉터도 여유를 가지고 선곡할 수 있겠어요."

자신의 행동이 개선되면 팀에게 어떤 좋은 일이 일어날지를 전달하는 것입니다.

다른 사람을 지적하기 위해서는 자신이 먼저 제대로 해야 한다는 생각을 버리는 일도 중요합니다. 이런 생각은 꼭 필요한 말도 하지 못하게 할 뿐만 아니라 함께 웃을 일도 줄어들게 만듭니다. 웃음은 사람과 사람이 서로의 약점이나 부족한 점을 인정할 때 생깁니다. '이렇게 말하는 나도 부족하지만 그래도 한마디 하자면' 이런 식으로 자신의 부족한 점을 인정한 다음에 '칭찬'을 곁들여서 해야 할 말을 전합니다. 이러면 상대방의 기분을 상하지 않게 하면서도 해야 할 말을 웃으며 전달할 수 있습니다. 베테랑부터 신입까지 서로의 말에 귀를 기울이며 자유롭게 의견을 주고받을 수 있고, 유머 넘치는 분위기를 만들 수 있다면 팀과 개인 모두 성장할 수 있지 않을까요?

이는 일에서뿐만 아니라 사적인 부분에서도 유효합니다.

"히데시마 씨, 또 커피 쏟았어요? 얼룩지면 안 지워져요!"

이런 식으로 제작진에게 실수를 지적받는 일이 많아서 때로는 부족한 면을 너무 많이 보인 것은 아닌지 걱정이 되기도 합니다. 그러나 사적인 부분에서 보이는 부족한 점은 인간미라고 생각하기 때문에 좋게 받아들이고 있습니다.

💬 친절한 비밀 노트

충고를 해야 할 일이 있을 때는 '칭찬-주의-조언-피드백' 네 단계를 잊지 말자!

행복의 관점은
나에게 있습니다

☺ '미움 받고 싶지 않다', '모두에게 사랑받고 싶다' 이는 사회를 살아가면서 느끼는 당연한 감정입니다. 그러나 저는 이런 생각에 지나치게 휘둘린 나머지 남에게 잘 보이는 일에 자신을 소모한 시기가 있었습니다.

신인 시절, 스스로 하루 동안 열심히 했다는 만족감을 얻기 위해서는 다른 사람을 100퍼센트 만족시켜야만 한다고 생각했습니다. 그렇지 않으면 업무를 완수했다고 볼 수 없다고 말이죠. 그러나 경험을 쌓아가면서 모든 사람이 만족하는 일은 환상에 지나지 않는다는 것을 알게 되었습니다. 라디오를 듣는 사람은 불특정 다수입니다. 모든 사람에게 사랑받기 위해서, 나아가 한 명에게라도 미움 받지 않는 것이 목표가 되면 아무 의미도 없는 무난한 말만 하게 됩니다. 아무런 특징이 없는 안전하기만 한 주제는 남에게 미움 받지 않는 대신에 그 누구의 기억에 아무것도 남기지 못합니다.

당시에는 라디오를 오래 하고 싶은 마음에 사랑받기 위한 행동에 필사적이었습니다. 미움 받지 않는 일에만 신경을 쓴 나머지 남에게 잘 보이기 위한 말만 습관처럼 하기 시작했습니다. 매일 방송이 끝나면 청취자들이 보내준 문자를 다시 읽으면서 한 문장 한 문장 필요 이상으로 정독하기도 했습니다. '그 한마디 때문에 미움 받은 게 분명해', '모호한 표현으로 신뢰를 잃었어' 같은 생각으로 자책했지요.

점차 무난한 멘트밖에는 던지지 않게 되고 정신적인 피로도도 정점에 달했을 때 이래서는 안 된다고, 원점으로 돌아가야 한다는 생각이 들었습니다.

"내가 왜 캐스팅이 되었을까?"

이 질문에 대한 답을 곰곰이 생각해보았습니다. 그러자 모두에게 사랑받기 위해 노력하는 것은 자신을 배신하는 결과를 낳고 이로 인해 힘들어질 뿐이라는 결론을 내게 되었습니다.

세상에는 다양한 책이 있지만, 그 책이 모두 베스트셀러가 되지는 않습니다. 저는 지하철 안에서 책을 읽고 있는 사람들의 모습을 보는 것을 매우 좋아합니다. 퇴근길에 자격시험 참고서를 읽으면서 쏟아지는 잠과 필사적으로 싸우는 여성을 존경의 눈빛으로 쳐다보거나, 문고판 책에 빨려 들어갈 기세로 집중한 중학생을 보면서 '저렇게까지 집중하다니, 무슨 책일까?' 궁금해합니다.

세상에는 여러 종류의 사람이 있고 좋아하는 것도 관심사도 다양합니다. 그중에서 한 명이라도 많은 사람에게 사랑받기 위해 최대공약수를 노리는 것만이 정답은 아닙니다. '오늘은 어떻게든 전하고 싶다', '이것만은 전달해내고 싶다'고 생각한 것을 실제로 전하는 그 작은 용기야말로 누군가의 마음을 움직이는 일이 되지 않을까요?

미움 받지 않기 위해 매사 눈 밖에 나는 행동을 하지 않는 것은 자신이 아니더라도 다른 누군가가 대신할 수 있습니다. 이는 어쩐지 슬프게 느껴집니다.

기술이 발달하여 고객의 선호를 완벽하게 파악하는 AI(인공지능)가 가까운 미래에 탄생할지도 모릅니다. 그러나 인터넷 쇼핑몰 등에서 막대한 데이터를 분석하여 '찾는 상품이 맞습니까?'라고 추천해주어도 '아니요, 틀렸어요!'라며 괜히 반박하고 싶어질 때도 있습니다. 이렇듯 매일 변하는 감정과 인간의 뇌라는 복잡한 시스템을 분석하여 누군가의 선호에 완벽하게 대응하는 일은 기계는 물론, 사람 사이에서도 어려운 일입니다.

조금 부족해도 나다움을 유지하는 것. 그 부족한 점이 다른 사람이 대체할 수 없는 각자의 매력이 됩니다. 이 매력이 다시 만나고 싶어지는 사람들의 공통점이라고 생각합니다.

인연의 다른 표현은
'친절한 오지랖'

☺ 승차권을 사기 위해 지하철 개찰구에 갔을 때의 일입니다. 역무원에게 신용 카드를 건네자 아직 수습 기간이 끝나지 않은 듯 보이는 역무원은 카드 결제를 어떻게 해야 할지 몰라 당황했습니다.

"조금만 기다려주세요."

역무원은 신용 카드를 여기저기에 넣었다 빼기를 반복하며 어찌할 줄 몰라 했습니다. 제 뒤로는 기다리는 사람들로 점점 줄이 길어졌습니다. 어떻게 할까 고민하던 중에 뒤에서 친절한 목소리가 들려왔습니다.

"카드를 긁지 말고 단말기에 꽂아보세요."

아직 발권 시스템에 적응하지 못한 신입 역무원에게 때마침 지나가던 한 남성이 도움의 손길을 내밀었습니다.

"감사합니다. 정말 감사합니다!"

무사히 발권을 마치고 역무원과 저는 함께 감사의 인사를 전했습니다. 그 남성의 행동은 아무렇지도 않은 듯 자연스러웠습니다.

지하철역의 창구는 늘 바쁩니다. 모든 사람이 서두르기 때문에 커뮤니케이션도 퉁명스러워지기 쉽습니다. 그러나 그 남성이 아무 일도 아니라는 듯이 살며시 말을 건네주었기 때문에 필요 이상으로 미안해할 필요 없이 안심하고 친절을 받아들일 수 있었습니다. 저는 그 멋진 노신사의 뒷모습을 한참 바라보았습니다.

예전에 살았던 벨기에의 제3도시 겐트라는 동네에서는 이런 일이 있었습니다.

한 살짜리 아이가 있는 친구와 카페에서 점심을 먹고 있었습니다. 졸렸는지 아이가 갑자기 큰 소리로 울기 시작했습니다. 당황한 친구에게 계산대 너머에서 점원이 영어로 말을 걸어왔습니다.

"괜찮아요! 아주 우렁차네요. 나중에 크면 멋진 오페라 가수가 되겠어요!"

그러자 옆자리에 앉아 있던 한 남성이 갑자기 "오 솔레 미오~" 하며 노래를 부르기 시작했고, 그와 함께 앉아 있던 여성은 저희를 향해 윙크를 보내주었습니다. 그때 들린 노래는 음정은 정확하지 않았지만 느낌이 충만한 허스키 보이스가 무엇보다 매력적이었습니다. 카페 안에 있던 다른 손님들도 웃으며 쳐다보았습니다. 물론

아기의 울음소리를 시끄럽다고 생각하는 사람도 있었을지 모릅니다. 그러나 점원과 그 부부의 행동 덕분에 갑자기 일어난 당황스러운 해프닝이 마치 가족 드라마의 한 장면으로 바뀌었습니다.

제 친구도 카페에 있던 사람들에게 사과와 함께 감사 인사를 전할 수 있었습니다. 그리고 얼마 지나지 않아 그녀가 급하게 카페 밖으로 데리고 나갔던 아이도 잠이 들어 자리로 돌아왔습니다. 그때 주변 손님들이 보내준 따뜻한 눈빛이 지금도 잊히지 않습니다.

요즘 세상이 각박하다고 하지만 이런 멋진 일을 경험하고 나면 아직은 따뜻하고 살 만한 세상이라는 생각에 매우 기뻐집니다. 역에서 만난 노신사가 베푼 은근한 친절이 있는 반면, 겐토의 카페에서처럼 드라마틱한 친절도 있습니다. 두 사건의 공통점은 누군가의 강요로 인한 행동이 아닌 상대방을 생각하는 마음에서 우러나온 상냥한 참견이었다는 점입니다.

저도 길에서 곤경에 처한 사람을 보고 말을 걸까 싶다가도 괜히 참견한다고 생각할까봐 주저한 적이 있습니다. 모르는 사람에게 말을 거는 일은 생각보다 많은 용기가 필요합니다. 거절당하면 어쩌나 고민하는 사이에 타이밍을 놓친 적도 있습니다.

그러나 지금은 일단 먼저 말을 거는 편입니다. 이렇게 변하기 시작한 것은 딸을 출산한 직후부터였습니다. 원래 덜렁대는 성격이기도 했지만, 딸아이에게 신경을 쓰다 보니 가는 곳마다 물건을 흘리거나 잃어버리는 일이 많아졌습니다. 그 물건은 휴대전화, 지갑, 외투, 장갑, 자전거 열쇠, 선물하려고 산 과자까지 크기를 가리지 않고 정말 다양했습니다. 그러나 감사하게도 그때마다 친절한 누군가가 늘 찾아주었습니다. 한번 자신의 손을 떠난 물건이 모르는 누군가의 선의로 다시 제자리로 돌아오는 놀라운 경험이 주는 감동은 겪어보지 않으면 알지 못합니다. 다행스러운 마음으로 분실센터 직원에게 잃어버렸던 물건을 돌려받을 때마다, 감사의 인사를 직접 전달할 수는 없어도 다른 누군가에게 반드시 보답해야겠다고 생각하게 되었습니다. '보답'이란, 누군가에게 친절함을 받았을 때 자신이 받은 선의가 중간에 사라지지 않도록 다른 누군가에게 넘겨주고자 하는 마음입니다. 영어로는 'Pay it forward'라고 하며, 영화의 제목이 되기로 했습니다.

보답은 그야말로 누군가에게 받은 행위를 '연결하는' 일이기 때문에 '거절당하면 어떻게 하지' 걱정할 필요가 없습니다. '문제가 있어 보이니 말을 걸어보자'라고 편하게 생각하면 말을 걸기가 한결 쉬워집니다.

또한 상대방에게 "아니요, 괜찮습니다"라는 말을 듣더라도 이 말은 자신의 인생에 아무런 영향을 미치지 않으므로 마음에 담아둘 필요가 없습니다. 지금까지 도대체 무엇을 겁내고 있던 것일까요. 자신이 베푼 호의가 거절당해도 별일 아니라는 듯 신경 쓰지 않고 친절을 베풀 수 있는 사람일수록 불필요한 자의식과 자존심에서 벗어날 수 있는 것이 아닐까요. 내가 베푼 선의는 지구를 돌고 돌아 언젠가 자신에게 다시 돌아올지도 모릅니다.

예전에 시부야의 한 셀프서비스 우동 가게에서 우동을 먹던 중에 동남아시아에서 온 커플이 주문 방법을 몰라서 난감해 하는 모습을 발견했습니다. 그래서 그들에게 다가가 "쟁반에 그릇을 올린 다음에 튀김을 올리고 메뉴에서 사이즈와 종류를 골라서 점원에게 말하면 돼요"라고 시범을 보이자 매우 기뻐했습니다.

시간이 지나고 장소는 바뀌어 이번에는 제가 네덜란드어로 된 메뉴밖에 없는 벨기에의 샌드위치 가게에서 우왕좌왕하고 있자, 그 가게의 단골손님이 다가와 도와준 적이 있습니다. 그 순간 '이 장면 어디서 본 것 같은데!?' 하고 우동 가게에서 있었던 일을 떠올렸습니다. 선의는 이렇게 돌고 돌아 모두에게 돌아가는 것입니다. 좋은 일을 베풀면 훗날 그 보답을 받게 된다는 의미의 사자성어, 음덕양보陰德陽報라 할 수 있습니다.

거리에서 누군가의 친절함을 목격하고 그 모습에 감동했다면, 바로 자신의 일부로 받아들입니다. 그렇게 조금씩 그 수를 늘려 가면 말을 걸기도 수월해지고 당신이 건넨 말이 도움이 필요했던 누군가에게 큰 힘이 될 수도 있습니다. 보고도 못 본 척하는 것과 망설인 끝에 말을 걸지 않는 것은 상대방에게는 결국 똑같은 행동입니다.

먼저 말을 건네본다면 어떨까요.

　말을 잘 걸 수 있게 되면 다음에는 누군가의 도움도 자연스럽게 받아들일 수 있게 됩니다. 말을 걸어준 상대방의 마음을 헤아릴 수 있게 되기 때문입니다. 전철에서 자리를 양보 받았을 때 강하게 거절하기보다 웃으면서 감사 인사를 하는 편이 자신은 물론 상대방과 주변 사람의 기분까지도 좋게 만듭니다. 오늘도 친절한 참견을 주고받으며 상냥함의 무한 루트가 중간에서 끊기는 일 없이 계속되길 바랍니다.

💬 **친절한 비밀 노트**

선의가 생겼을 땐 깊게 생각하지 말고 먼저 말을 걸어본다. 친절은 거듭할수록 자연스러워진다.

제5장

언제 어디서도
통하는 대화 소재는
따로 있습니다

작은 실수담을
모아보세요

☺ "잡담을 못하겠어요. 잡담을 잘하려면 어떻게 하면 좋을까요?"
라는 질문을 자주 받습니다. 제가 생각한 답은 이렇습니다. 일상생
활에서 일어난 작은 '실수담'을 소중히 여기면 잡담도 잘할 수 있습
니다.

예전에 덴마크의 코펜하겐으로 여행을 갔을 때 자전거를 빌리러
간 적이 있습니다. 사이클링용 헬멧도 쓰고 거리 구경에 나섰습니
다. 돌길을 지나 파스텔 톤의 건물이 나란히 늘어선 거리를 쌩쌩 달
리자 이 순간이 계속되면 좋겠다는 생각을 하면서 기분도 최고조
에 달했습니다. 사진을 찍어 트위터에 올리자 '좋아요!' 수가 계속
해서 올라서 신이 났습니다. 그런데 보면 볼수록 사진 속 제 모습이
어딘가 어색하다는 생각이 들었습니다. 미묘하게 이마 부분이 볼록

하게 솟아오른 느낌. 그제서야 헬멧을 거꾸로 쓰고 있다는 사실을 깨달았습니다. 지나가던 자전거 라이더들이 말을 걸었던 이유를 한참이 지난 후에 겨우 알아챘습니다. 그저 헬멧을 거꾸로 쓴 사실을 한동안 눈치채지 못했다는 흔한 실수담이지만, 사실 여기에 잡담력을 높이는 중요한 포인트가 있습니다.

우리는 매일 크고 작은 여러 실수를 하며 살아갑니다. 페이스북, 트위터, 인스타그램 등에 남들이 부러워할 만한 멋진 사진을 자랑하듯 올리기보다 오늘 있었던 실수담을 하나 말하는 편이 공감을 불러일으킨다고 생각하지 않으세요? 잡담을 잘하는 사람은 아무나 경험하지 못하는 특별한 소재를 가지고 있는 사람이 아닙니다. 오히려 누구라도 공감할 수 있는 에피소드나 실수한 경험을 중요한 순간에 꺼낼 수 있는 사람입니다.

그렇다면 중요한 순간에 실수 경험담을 꺼내기 위해서는 어떻게 하면 될까요?

저는 실수담을 한 파일에 모아 두고 있습니다. 파일 안에는 실수 내용과 함께 장소, 그때의 기분 등을 적은 잡다한 메모들이 가득 들어 있습니다. 수첩이나 스마트폰 메모장에 적을 때도 있지만, 예기치 못하게 갑자기 일어난 실수들은 영수증 뒷면이나 회의 자료 조각 등 손에 잡히는 아무 종이에 급하게 메모를 합니다. 며칠 전 손에 잡히는 대로 급하게 집은 것은 택배 용지였는데, 그때에는 '마침 내 여기까지 왔구나' 하며 미묘한 감회에 젖었습니다.

이런 종잇조각들은 종종 사라지기도 하므로 잃어버려도 괜찮다고 생각하는 편이 습관을 들이기 좋습니다. 메모한 종이는 지갑이나 가방 안주머니 등에 넣어두었다가 어느 정도 쌓이면 클리어파일에 옮겨 보관합니다. 언제, 어디에서나 메모를 하기 때문에 저희 집은 정체를 알 수 없는 메모가 가득합니다.

헬멧을 거꾸로 쓴 사건도 뭐든 지나치면 독이 된다는 생각에 일순 살짝 풀이 죽기도 했지만, 이러한 경험도 '거꾸로', '자전거', '여행지에서의 실수' 같은 주제가 나왔을 때 대화의 소재로 쓸 수 있다고 기분을 전환하면, 싫은 기억도 좋은 기억으로 바꿀 수 있는 습관이 생깁니다.

벨기에에 살았을 때 "일본인이면 공자에 대해 잘 알겠네요?" 하는 질문을 몇 번인가 받은 적이 있습니다. 그때마다 공자는 중국의 위인이라고 대답하면서도 현지인들의 동양 사상에 대한 관심에 놀랐습니다.

"후미카는 선禪 사상에 대해 어떻게 생각해?"

"《병법》은 읽었어?"

이후로도 여러 가지 질문을 받았지만, 안타깝게도 선禪 사상에 대해서는 자세히 알지 못하고《병법》도 읽은 적이 없습니다. 꽤 자주 질문을 받는 탓에 공자에 대해 알아보고자《논어》를 샀지만, 영 속도가 나지 않았습니다. 그러나 중요한 점은 '어차피 어려워서 읽지도 못할 책'이라고 단정하고 읽을 시도조차 하지 않는 것이 아니라, '책을 산다'는 행동을 취했다는 것입니다.

"책을 사긴 했지만 어려워서 한 장도 못 읽고 잠들어버렸어."

"방에 인테리어 소품이 되었어요."

이후로 같은 질문을 받았을 때, 저는 이 '산다'는 행동을 취했기 때문에 그들에게 웃기면서도 슬픈 잡담을 건넬 수 있었습니다.

잡담을 잘하는 사람은 늘 행동하는 사람입니다. 그리고 자기 안에서 생겨나는 감정을 그냥 흘려버리지 않고 착실하게 느끼고 기억해두는 사람임을 잊지 마세요.

💬 친절한 비밀 노트
빠른 행동과 실수도 소홀히 여기지 않는 노력이 잡담력을 높인다.

호감을 드러내기에 좋은
날씨 인사

☺ "롯폰기 스튜디오에서 보이는 도쿄는 맑습니다. 초여름 햇살에 기온이 점점 오른다고 하는데요. 여러분은 어떤 일요일을 보내고 계신가요?"

라디오의 오프닝 토크는 그날의 날씨로 시작하는 일이 많습니다. 그래서 아침에 일어나서 마이크 앞에 앉기 전까지 세수할 때 물의 온도, 현관문을 열 때 피부에 와닿는 공기 등 다양한 순간에 계절을 느끼려고 노력합니다.

예전에 친구들과 날씨에 관한 이야기를 하던 중 한 친구가 이런 말을 했습니다.

"어릴 땐 날씨 얘기하는 게 참 싫었거든. 쓸데없는 말 같아서. '날씨가 참 좋죠'라고 하면 '저도 보면 알아요'라고 속으로 욕을 한 적도 있었어."

생각지도 못한 친구의 솔직한 발언에 웃음이 나왔습니다. 저도 그런 적이 있기 때문입니다. 날씨 얘기는 할 말이 없을 때나 꺼내는 것이라고, 아줌마 같은 대화는 하고 싶지 않다고 어린 마음에 그런 철없는 생각을 했습니다. '쓸데없는 인사는 생략하고 용건만 빨리 말해' 같은 야무진 직장인의 모습을 멋있다고 여기는 풍조가 남아 있기 때문이라고 생각합니다. 그러나 날씨처럼 평범하고도 안정적인 대화의 무기는 없습니다.

"안녕하세요. 날씨가 정말 좋네요."

"휴, 무지 더워졌죠?"

특별하지 않은 대화이지만, 날씨 이야기는 격투기로 치면 하나의 정해진 형식이라 할 수 있습니다. 당신에게 적의가 없다는 신호입니다. 안전하게 대화를 주고받기 위한 공통 주제로 날씨 이야기를 해보면 어떨까요?

개미도 서로 촉각을 이용하여 동료라고 인식하지 못하면, 협동하여 먹이를 옮길 수 없습니다. 그러니 우리도 공통 주제인 날씨를 가지고 대화를 시작하면 자연스럽게 대화의 영역을 키워나갈 수 있지 않을까요? 날씨로 시작하는 인사는 원활한 커뮤니케이션을 위한 출발점이 됩니다.

모처럼 대화를 나눌 기회가 생겼는데 이왕이면 상대방의 호감까지 살 수 있다면 좋지 않을까요? 그래서 저는 자신만의 플러스알파를 추가할 수 있는 방법은 없을까를 생각했습니다. 저라면 더워진 날씨에 대해 말하면서 어떤 실수담을 더할 수 있을까를 고민하겠습니다.

며칠 전 슈퍼마켓에 장을 보러 갔을 때 있었던 일이에요. 날씨가 더워지면 물을 잔뜩 끓여 냉장고에 넣어두어도 금세 사라지고 말잖아요. 그래서 물을 더 사두려고 슈퍼마켓에 갔어요. 페트병에 담긴 물 한 병이 1,000원이기에 세 병을 장바구니에 담았어요. 그런데 팔에서 느껴지는 무게가 어쩐지 조금 이상하더라고요. 그래서 장바구니를 다시 봤더니 한 병에 1만 원이나 하는 '국산 고급 찻잎' 유리병이 세 병이나 들어 있는 것이 아니겠어요? 물과 나란히 놓여 있어서 실수로 잘못 집어든 거예요. 세 병에 3만 원이라니, 이 돈이면 스테이크를 먹을 수 있는 가격인데 말이죠. 아무렇지 않은 얼굴로 다시 돌아가서 한 병에 1,000원짜리 페트병과 바꾸어 담았어요. 정말 큰일 날 뻔했어요. '손으로 집어든 순간에 알아채면 좋았잖아!'라고 생각했지만, 날이 너무 더워서 정신이 몽롱했었나 봅니다.

그저 흔한 일화지만, 더운 날씨에 있었던 바보 같은 실수담을 떠올렸습니다. 날씨는 만국 공통의 주제입니다. 처음 인사를 나눈 후에 '날씨 플러스알파'로 분위기를 부드럽게 만들어두면 원활하게 대화를 이어나갈 수 있습니다.

💬 **친절한 비밀 노트**

날씨 이야기는 상대방에게 호의를 나타내는 기본 형식!

대화 소재가
널려 있는 편의점

☺ 사람의 시선을 끌기 위해서는 무엇보다 '맨 처음'이 중요합니다. 상대방의 흥미를 끌고, 귀를 기울이게 하기 위하여 제가 늘 애용하는 두 가지 신의 도구를 소개하려 합니다.

라디오 DJ 일을 시작했을 때 먼저 고민한 것이 오프닝 멘트였습니다. 방송에 들어감과 동시에 시작되는 오프닝 멘트는 만담의 '마쿠라'와 비슷한 역할을 합니다. 마쿠라란, 자기소개나 짧은 이야기 등 본 주제에 들어가기 전에 분위기를 띄우거나 결말의 복선을 깔아주는 역할을 하는 도입 부분을 의미합니다. 마쿠라가 재미있는 만담가의 이야기는 마지막까지 재미있다고 전해지는데, 라디오 DJ 역시 마찬가지일지 모릅니다.

오프닝 멘트라고 하면 어딘가 특별한 것처럼 보이지만, 비즈니스로 치면 본격적인 업무에 들어가기 전에 나누는 잡담이라고 볼 수 있습니다. 가볍게 나누는 몇 마디 대화로 상대방의 마음을 사로잡은 후 편안하게 본론에 들어갈 수 있도록 돕습니다. 참고로 라디오 대본에는 '3분간 프리토크'라고만 쓰여 있을 뿐입니다. 그렇다면 무슨 주제로 어떻게 말하면 좋을까요?

예를 들어, '최근 발견한 맛있는 식당 정보 소개'를 오프닝 토크의 주제로 삼았다고 가정해봅시다. 청취자가 모르는 최신 정보를 찾기란 그리 간단하지 않습니다. 아무도 모르는 주제를 찾는 것보다 중요한 것은 자신만의 전달 방식을 발견하는 일입니다. 주제 자체는 우리 주변에서 쉽게 찾을 수 있는 것이라도 좋습니다.

그래서 제가 항상 도움을 받는, 저의 첫 번째 신의 도구는 바로 편의점입니다. 24시간 연중무휴, 늘 같은 물건을 살 수 있고, 같은 서비스를 이용할 수 있는 편의점이지만 저는 편의점만큼 계절을 느낄 수 있는 곳도 없다고 생각합니다.

'호빵이랑 어묵이 벌써 나왔네', '아이스크림 토핑이 포도로 바뀌었구나', '올여름 한정 맥주가 맛있어 보여.' 편의점에는 계절마다 어울리는 신제품이 끊임없이 출시되고 추가됩니다. 편의점만 유심히 관찰해도 사소하지만 많은 변화를 발견할 수 있습니다. 신문 1면에 실릴 만한 큰 이슈는 없지만, 편의점에는 지금 우리 사회의 분위기와 계절감이 느껴지는 주제가 잔뜩 진열되어 있습니다. 또 하나의 신의 도구는 세시기를 이용하는 것입니다. 편의점 관찰을 통해 현대의 계절감을 느낄 수 있다면, 계절별 행사나 풍물을 풀이한 책인 세시기를 통해서는 전통적인 계절감을 느낄 수 있습니다. 처음 세시기를 접하게 된 계기는 DJ로서 표현력의 한계에 부딪힌 20대 때였습니다. 학생 시절에는 교과서에나 실리는 어려운 내용이라며 본격적으로 읽어볼 생각도 못했는데 나이가 들어 다시금 읽어 보니 계절의 변화와 함께 선명하게 연상되는 정경에 매우 놀랐습니다.

'세시기는 계절을 나타내는 단어들의 데이터베이스 같은 거구나.'

물론 세시기에 쓰여 있는 내용을 그대로 읽는 것으로는 청취자를 사로잡는 오프닝 토크가 될 수 없습니다. 중요한 점은, 어떻게 자신만의 표현으로 전달하느냐입니다.

옷의 두께가 달라지는 계절이지만, 아직 옷장 정리를 하지 못했습니다. 주말에는 큰맘 먹고 옷 정리를 하려고 옷장을 열었지만, 올해 유독 많이 산 니트가 산처럼 쌓여 있는 모습을 보니 단숨에 전의를 상실하여 그대로 문을 닫고 말았습니다.

보풀이 잔뜩 일어난 옷이 옷장 서랍을 가득 채우다 못해 곧장 옷장을 튀어나올 기세입니다. 보풀 떼는 데도 꽤 많은 시간이 걸릴 것 같습니다. 여러분

세시기에서 본 내용에 저의 경험을 담아 모두가 공감할 수 있는 이야기를 추가합니다.

"여러분, 옷장 정리는 모두 마치셨나요? 저는 이미 정리를 끝냈습니다. 겨울 외투도 모두 세탁소에 맡겼고요. 이제 완연한 봄이네요!"

이런 말에는 깊이 공감하기 어렵지 않습니까? 제가 청취자라면 알고는 있지만, 쉽게 행동으로 옮기지 못했다는 말을 들으면 더욱 친근하게 느껴질 듯합니다.

편의점 선반에 진열된 상품이나 세시기에 적힌 내용은 흔하게 발견할 수 있는 매우 사소한 정보입니다. 그러나 사소한 주제라도 어떻게 말하느냐에 따라서 말하는 사람의 온기가 느껴지도록 도와줍니다.

📟 **친절한 비밀 노트**

편의점과 세시기에는 대화의 포문을 여는 힌트가 가득하다.

호기심만 있다면
일상은 화제로 가득한 드라마

☺ 얼마 전, 도서관의 자습 테이블에 귀여운 여고생과 함께 앉았습니다. 맞은편 사선에 앉은 여고생은 영어 단어를 공부하고 있었습니다. '시험 기간인가 보구나! 파이팅!' 마음속으로 응원을 보냈습니다.

그러나 여고생은 얼마 지나지 않아 피곤했는지 깊은 한숨을 내쉬고는 단어장을 닫고 한쪽에 놓여 있던 소설책을 펼쳐 들었습니다. 슬쩍 쳐다본 책은 나오키상 수상 작가의 역사 소설이었습니다. 30분이 지나고 한 시간이 지나도 고개를 들 생각이 없어 보여 살짝 걱정이 되기 시작했습니다. 그렇지만 눈에 들어오지 않는 다른 나라의 언어보다 소설 세계에 빠지고 싶은 마음도 이해는 되었습니다. 저도 그랬던 시절이 있었기 때문에 문득 옛날 생각이 떠올라 흐뭇해진 마음으로 한동안 여학생의 모습을 지켜봤습니다.

얼마 전 지하철에서는 한 중년 남성이 젊은 층에게 인기 있는 작가의 도서를 읽고 있는 것을 보았습니다. 평범한 양복을 걸친 중년 남성이 감각적인 표지의 책을 들고 있는 모습에서 느껴지는 갭이 재미있었습니다.

다른 사람을 너무 힐끔거리며 쳐다보는 것이 예의가 아니라는 사실은 알고 있지만, 같은 장소에 있는 사람에게 관심이 생기는 일은 자연스러운 감정입니다. 다른 사람에 대한 호기심이야말로 커뮤니케이션에서 무엇보다 중요한 요소라고 생각합니다.

대개 뉴스 보도에서 1차 정보가 중요하다고 말합니다만, 제가 담당하는 예능 버라이어티 프로그램에서도 1차 정보는 중요합니다. 1차 정보란, 자신의 눈과 귀로 직접 보고 들은 정보를 말합니다.

역사 소설을 읽고 있던 여고생도, 젊은 감성의 도서를 읽고 있던 중년 남성도 제게는 1차 정보입니다. 제 눈으로 직접 보고 흐뭇해져서는 저절로 기분이 좋아진 현실의 사건입니다. 만약 이 일이 인터넷에서 본 글이고, 다른 사람에게 '이런 글을 인터넷에서 봤습니다'라고 전달한다면 어떻습니까? 처음보다 흥미가 떨어지지 않을까요?

지금은 어디를 가더라도 Wi-fi가 잘되어 있고, 전 세계에 인터넷이 연결되어 있기 때문에 온라인상에서 접속하지 못하는 세계는 없으리라는 착각까지 하게 합니다. 그러나 현실 세계는 인터넷에서

얻지 못하는 사소하지만 생생한 사건들로 가득 차 있습니다.

말을 잘하는 것으로 정평이 난 사람이라도, 성공해서 기사가 운전하는 차를 타게 되면 재미가 없어진다는 말을 들은 적이 있습니다. 거리를 걷고 지하철을 타는 일은 동시대의 분위기를 느끼기 위한 시간이자, 지금까지 깨닫지 못했던 것을 깨닫기 위한 시간입니다.

저는 자전거 타는 것도 좋아하기 때문에 대화 소재도 찾을 겸 매일 자전거로 출퇴근을 합니다. 주변을 둘러보면 많은 사람과 함께 같은 하늘 아래서 같은 시대를 살고 있다는 사실이 가끔은 감동적이기까지 합니다.

스마트폰의 화면만 쳐다보고 있으면 이런 기적을 외면하는 기분이 듭니다. 예전에 한 카페에 이런 안내 문구가 걸려 있던 기억이 납니다.

'No, We don't have Wi-Fi. Talk to each other!(저희 가게에는 Wi-Fi가 없습니다. 서로 대화를 나누세요.)'

이같은 유머 넘치는 문구를 발견하면 자기도 모르게 누군가에게 말하고 싶어집니다. 작은 화면에서 얼굴을 들어 먼저 주변 사람에게, 그리고 주변에서 일어나는 일에 눈을 돌려보지 않으시겠습니까?

📬 **친절한 비밀 노트**

잡담의 소재는 스마트폰이 아니라 일상에서 발견한 사람과 사건 속에 숨어 있다.

생생한 기록은
그 자체로 좋은 대화의 소재

☺ 저는 기억력을 믿지 않습니다. 사람은 망각의 동물이라고 생각하기 때문입니다. 평생 잊지 않겠다고 다짐했던 기쁜 기억도 시간이 지나면 희미해집니다. 반대로 빨리 잊어버리고 싶은 괴로운 기억일수록 머릿속을 떠나지 않습니다.

조금이라도 많은 일을 생생하게 기억하기 위해 뭔가 좋은 방법이 없을까요? 이런 생각을 하며 여러 책을 읽던 중에 공통으로 적혀 있는 한 가지 내용을 발견했습니다. 바로, 오감을 사용해야 한다는 것입니다.

저는 반드시 기억해야 하는 일들은 노트나 메모지, 때로는 영수증 뒷면에라도 적고 있습니다만, 기록을 할 때에도 오감을 활용하면 더욱 효과적이라고 합니다.

손으로 무언가를 적는 행위는 그 자체로 감각을 사용하는 일입니다. 그리고 글자를 눈으로 보면서 적기 때문에 시각을 이용하여 머릿속에 저장하게 됩니다. 소리를 내서 적으면 소리를 내는 행위와 그 소리를 귀로 듣는 행위가 동시에 발생하여 더욱 기억에 오래 남게 됩니다. 그러고 보니 저도 고등학생 시절에 시험 전날 밤, 연호나 지명, 맞춤법 등을 반복해서 적고 중얼거리며 외우려고 노력했던 기억이 납니다. 기숙사 룸메이트에게 피해가 되기 때문에 빈 교실을 찾아 자리를 옮기면서도 중얼중얼 계속 반복했습니다. 남의 눈에는 이상해 보일 수도 있지만, 효과는 만점입니다. 지금도 확실하게 기억해야 하는 대본 등은 이 방법을 이용하여 머릿속에 저장합니다.

프랑스 소설가 마르셀 프루스트의 《잃어버린 시간을 찾아서 1 - 스완네 집 쪽으로 1》을 보면 이런 구절이 있습니다.

아무 생각 없이 마들렌 조각이 부드러워지도록 담가 놓은 홍차를 한 숟가락 떠서 입으로 가져갔다. 그런데 과자 조각이 섞인 홍차 한 모금이 내 입천장에 닿는 순간, 내 안에서 특별한 일이 일어나고 있다는 사실을 깨닫고 나는 무심코 몸을 떨었다.

마들렌이 섞인 홍차를 한 입 먹은 주인공은 어린 시절에 먹은 마들렌을 기억해내고 오래된 추억을 떠올리게 됩니다. 의식적으로 기억하는 것이 아니라 어떤 계기로 인해 떠오른 기억을 '무의지적 기억'이라고 하는데, 소설 속 이 구절이 유명해지면서 '프루스트 현상'이라고도 불리게 되었습니다.

우연히 맡은 담배 냄새에서 늘 담배를 태우던 할아버지의 모습을 떠올린 적이 있습니다. 묘지의 옆을 지나가다 희미하게 느낀 선향의 냄새로 할머니 집에서 보낸 여름 방학이 떠오른 적도 있습니다. 싱싱한 수박의 맛과 딸랑거리던 풍경 소리까지 생생하게 되살아납니다.

일상생활에서도 오래 기억하고 싶은 일이 있다면 오감과 연결해두는 것이 좋습니다. 푸른 하늘, 멀리서 들려오는 기차 소리, 차가운 비, 수프의 맛, 포옹을 나눌 때의 냄새…. 오감과 연결하여 떠올린 기억은 매우 사적인 동시에 보편적이기도 합니다. 비즈니스에서 활용하기에는 너무 시적이지 않을까 걱정하는 사람도 있겠지만, 전혀 그렇지 않습니다. 자칫하면 데이터와 숫자 등으로 경직되기 쉬운 상황에서 분위기를 환기하거나 부드럽게 만들어주기도 합니다. 오감과 연결한 표현은 우리 마음속 깊은 곳을 자극하는 힘을 가지고 있을지도 모릅니다. 보고 듣고 맛보고 냄새를 맡고 만지는 행위를 통해서 미지로 가득한 우리 두뇌를 자극해보는 것은 어떨까요?

💬 친절한 비밀 노트
이야기의 소재가 될 만한 사건을 메모할 때는 에피소드와 오감을 연결하여 적는다.

독서로 단어 실력을
키워보세요

☺ 한때 〈영어로 읽는 무라카미 하루키〉라는 어학 프로그램의 해설자 역할을 한 적이 있습니다. 교재로 사용한 무라카미의 작품은 유머 넘치는 단편 소설로, 모두 곱씹을수록 재미있고 여운이 긴 책이었습니다. 순수하게 소설을 즐기는 것은 물론, 세련된 문체와 능수능란한 비유 표현을 영어로 배울 수 있었던 신선한 경험이었습니다. 프로그램 제작진도 하나같이 문학을 좋아하고, 무라카미 하루키의 작품을 좋아하는 사람들로 구성되었습니다. 그래서 녹화가 이루어지는 스튜디오 안은 매회 조용하지만, 뜨거운 열정으로 가득 찼습니다. 공동으로 진행을 한 번역가이자 소설가인 가라시마 씨는 물론이고 저보다 한참 어린 젊은 제작진까지, 스튜디오 안을 여기저기 날아다니는 풍부한 단어와 표현에 자극을 받은 시간이었습니다.

모두 어휘나 지식의 양도 대단하지만, 표현하는 방식도 재미있었습니다. 예를 들어, 오랜만에 만난 친척 어른이 말을 끝낼 기미를 보이지 않는 상황을 "지금 당장 대화를 강제로 종료하고 노트북 덮개를 닫아버리고 싶었습니다"와 같이 표현하거나, '이 대화는 과연 어디로 가는 걸까?' 하는 막연한 기분도 "어디를 가도 온통 사막뿐인 낙타의 기분이 이럴까?"와 같이 멋지게 표현합니다.

무라카미 하루키는 아니지만 당장 문학상을 줘도 될 만큼 독특한 표현이 대화 사이사이에 자주 등장했습니다. 모두 책을 많이 읽었기 때문에 나올 수 있는 표현력이라고 생각합니다.

그중 누구도 자신이 읽은 책의 양을 자랑한 사람은 없었지만, 분명히 저보다 많은 책을 읽었고 많은 단어를 접하고 있다는 사실을 알 수 있었습니다. '책벌레'라고 하면 성실하고 말이 없는 사람이 떠오르지만, 이는 당치도 않습니다. 대화의 잠재력은 그 사람이 읽어온 책에서 확실히 영향을 받습니다.

젊은 시절에 자신에게 투자하라는 말을 자주 듣게 되는데, 기왕 투자한다면 단어 실력을 갈고닦는 일을 추천합니다. 매력적으로 보이기 위해 외모를 가꾸는 일도 중요하지만, 자신이 사용하는 단어의 질을 높이는 일도 잊어서는 안 됩니다. 평소 사용하는 단어를 보면 그 사람이 어떤 사람인지 알 수 있습니다. 이는 그 사람이 거쳐온 좋은 단어의 총량에 비례한다고 생각합니다.

예를 들어, 미용실에 가는 비용의 절반을 들여 명저라 불리는 책을 사서 양질의 단어를 의도적으로 접해봅시다. 또 1만 5,000원짜리 티셔츠를 충동구매했다면 책도 한 권 구매해봅시다. 이런 식으로 안과 밖의 균형을 잘 맞춘 사람은 나이가 들수록 아름다워집니다.

사람은 나이가 들수록 새로운 것에 보수적이 되어 자신이 아는 세계에 만족하는 경향이 있습니다. 그러나 감성의 신진대사는 의식적으로 외부 세계와 접촉하지 않으면 일어나지 않습니다. 그럴 때는 지금까지 주로 읽은 책과 다른 장르의 책을 읽으면 좋습니다. 크기는 작지만, 책만큼 인생에 새로운 바람을 불어넣는 힘을 가진 것도 없습니다. 그렇기 때문에 합리적인 투자라 할 수 있습니다.

다양한 장르의 책이 있지만, 많은 단어를 접하기 위해서라면 소설을 추천합니다. 단 한 번으로 즉시 효과를 보기는 어렵지만, 천천히 작용하는 한약과 같은 효과가 있을 것입니다.

뛰어난 소설에는 독자가 '바로 이거야!'라고 감탄하게 하는 힘이 있습니다. '이런 애매한 기분을 표현할 수 있는 단어가 없는 줄 알았는데, 이런 표현이 있구나!' 하는 감동과 함께 눈에 들어온 명문장이 마음에 스며들어 언젠가 표현력을 풍부하게 만드는 피와 살이 될 것이 분명합니다.

저도 막상 수백 페이지나 되는 문학 작품을 마주하면 읽을 엄두가 나지 않아 나중으로 미루고 싶어질 때도 있습니다. 그러나 페이지를 넘기지 않으면 단어를 만날 수 없습니다. 그리고 다양한 책을 읽다 보면 자신의 마음에 쏙 드는 표현, 언젠가 따라 해보고 싶다는 생각이 드는 자신의 취향에 맞는 작가를 반드시 발견할 수 있습니다.

지평을 넓히는 단어를 만나기 위한 첫걸음은 양질의 문학과 만나는 일입니다. 단어에 대한 투자는 하는 만큼 확실하게 보상받을 수 있습니다. 게다가 평생에 걸쳐 당신의 일부분이 되어줍니다.

이런 말이 있습니다.

'You are what you eat(당신은 당신이 먹는 것으로 이루어져 있다).'

건강한 식생활을 권유하는 문구입니다. 그렇다면 이런 표현도 가능하지 않을까요?

'You are what you read(당신은 당신이 읽은 것으로 이루어져 있다).'

아무쪼록 정크푸드가 아니라 진심으로 맛있다고 느낄 수 있는 좋은 것을 설레는 마음으로 선택하여 즐겨보길 바랍니다.

📮 **친절한 비밀 노트**
멋진 단어를 만나는 첫걸음은 좋아하는 작가를 발견하는 일에서부터 시작된다.

일단 말을 거는
용기

☺ 벨기에에서 도쿄로 역출장을 가는 비행기 비상구 좌석에 한 일본인 여성과 나란히 앉게 된 일이 있었습니다. 비상구 좌석에 앉는 승객은 긴급 상황에서 승무원을 도와야 합니다. 저희도 이륙 전에 승무원에게 비상 탈출 시의 주의사항이 적힌 안내문을 미리 읽어보도록 전달받았습니다.

이런 건 한번 훑어보면 충분하다고 생각하면서 문득 옆자리를 쳐다보았는데, 그 여성이 뚫어질 듯이 안내문을 정독하고 있었습니다. 그 진지한 모습이 귀엽게 느껴졌습니다. 앞으로 긴 시간을 함께할 사람이기도 하여 인사라도 해야겠다는 생각에 말을 걸었습니다.

"이렇게 열심히 읽어본 적 없었는데 꽤 할 일이 많네요. '비상시에는 다른 승객에게 알려주세요' 같은 거요."

"그러게요. 이런 일이 없기만을 바라야죠."

'하하하' 웃고는 그렇게 짧은 대화가 끝났습니다.

기내에서는 거의 대화를 나누는 일 없이 무사히 일본 나리타 공항에 도착했습니다. 저는 옆자리에 앉은 사람과 대화를 나누고 싶어지면 목적지에 착륙한 다음에 용기를 내서 말을 걸곤 합니다. 무사히 도착했다는 안도감으로 마음이 너그러워져서 대화를 나누기 쉽기 때문입니다. 그리고 성향이 잘 맞지 않더라고 인사를 나누고 곧바로 헤어질 수도 있기 때문입니다.

그날도 착륙한 다음에 다시 말을 걸었습니다.

"무사히 도착해서 다행이네요."

"네, 정말요. 여행 다녀오신 거예요?"

이런 가벼운 대화를 주고받다 보면 대화가 풍성해지는 일이 의외로 많은데, 이때가 그랬습니다. 어디에 다녀왔냐고 묻자, "업무 출장으로 잠시"라는 답변이 돌아왔습니다.

"사실 번역을 하거든요. '크르텍'이라는 그림책인데요."

크르텍은 체코의 국민적인 인기 캐릭터로, 일본에서는 '아기두더지' 시리즈로 알려져 있습니다. 그는 '아기두더지' 시리즈를 시작으로 체코어로 된 문학 작품을 번역하는 번역가 기무라 유코 씨였습니다.

"저, 그 책 읽어본 적 있어요. 이런 우연이!"

"정말요? 감사합니다."

평소 좋아하던 작품의 번역가와 대화를 나눌 수 있다니 매우 신기했습니다. 비행기에서 내려서 입국 심사도 함께 받고 짐을 찾을 때까지 계속 즐겁게 이야기를 나눴습니다. 긴 여행의 피로가 씻은 듯이 사라지는 멋진 만남이었습니다.

벨기에에서 지낼 당시 또 한 번의 멋진 만남이 있었습니다.

슈퍼마켓 계산대에 줄을 서 있었는데 옆 계산대 줄에서 일본어가 들려왔습니다.

"어머? 여기도 쌀이 있네. 잠깐 보고 올 테니까 여기서 기다리고 있어."

귀에 쏙쏙 들어오는 낭랑한 여성의 목소리였습니다.

겐트에는 일본인이 많지 않아서 일본어가 그리워지던 참이었습니다. 누군지 궁금해져서 옆줄로 자리를 옮겨 눈이 마주치자 인사를 건넸습니다.

"어머, 일본 분이세요?!"라며 놀란 기색이었지만, 먼저 정중하게 자기소개를 하고 잠깐 동안 선 채로 대화를 나눴습니다. 이날을 계기로 친해지게 된 그 부부는 시장의 위치를 알려주기도 하고 현지의 친구들도 소개해주는 등 많은 인연을 만들어주었습니다. 만일 그때 말을 걸지 않았더라면….

이 세상에는 무수한 만남이 있습니다. 다만 눈치채지 못하고 스쳐 지나갈 뿐입니다. 눈과 눈이 마주쳐서 서로 마음이 통하는 그런 텔레파시는 기대하지 않는 편이 좋습니다. 말을 걸어 상대를 알고 나를 알려야 합니다. 대화를 나누다 자신과 맞지 않는다는 생각이 들면 그저 세상엔 여러 종류의 사람이 존재한다고 생각하면 될 뿐입니다. 잃을 것은 아무것도 없습니다. 인생의 시간은 한정되어 있습니다. '그때 말을 걸어볼걸', '그때 하고 싶은 말이 있었는데'라고 나중에 후회하기보단 일단 말을 걸어봅시다. 그 작은 용기가 우리의 인생을 몇 배나 풍부하게 변화시켜준다고 확신합니다.

누군가와 나눈 대화로 인해 온종일 기분이 좋았던 적이 있지 않습니까? 이런 기분 좋은 경험이 쌓일수록 우리를 둘러싼 '공기'는 강하지만 부드럽게 퍼져 나가 당신과 당신 주변 사람을 오늘도 웃게 할 것이 분명합니다.

💬 **친절한 비밀 노트**
용기 내어 말을 걸면 인생은 풍요로워진다.

제가 신인이었던 1990년대 후반에는 인터넷이 조금씩 라디오 세계에도 도입이 되기 시작한 때였습니다. 스튜디오의 모습을 사진으로 찍어서 올리기 위해 마이크를 향해 있는 저의 모습을 제작진이 찍어주었는데, 그 사진을 보고 깜짝 놀랐습니다.

'이렇게 할머니같이 등을 구부리고 말을 하고 있다니!'

아직 젊은 20대인데 뒷모습은 할머니라고 해도 믿을 법한 모습이었기에 충격을 받았습니다. 이래서는 아무리 목소리나 옷차림에 신경을 써봤자 자세 때문에 전체적으로 좋은 인상을 주지 못할 것이었습니다. 그때부터 일할 때도 집에 있을 때도 의식적으로 자세를 바로 하기 위해 노력했습니다. 컴퓨터 키보드를 칠 때도 집에서 혼자 밥을 먹을 때도 늘 자세에 신경을 썼습니다.

갖은 노력 끝에 자세를 바르게 할 수 있게 되고 난 후로 여러 가지 좋은 점이 눈에 들어오기 시작했습니다. 먼저 피곤함을 덜 느끼게 되었습니다. 힘들게 일을 한 날에도 축 늘어지지 않게 되었습니다. 그리고 집중력이 좋아졌습니다. 그 전까지는 어떤 일을 하다가도 문득 다른 일이 떠올라서 메일을 확인하거나 커피를 마시는 등 한 가지 일에 집중하기 어려웠는데 자세를 바르게 하자 집중력이 좋아져서 단숨에 끝마칠 수 있게 되었습니다. 무엇보다 기뻤던 일은 목소리에서 힘이 느껴지게 된 것입니다.

예전에 음악 선생님이 사람의 몸 전체가 악기라고 했던 말은 사실이었습니다. 악기의 몸체 부분이라 할 수 있는 몸이 구부정하면 제대로 된 소리를 내기 어렵습니다. 그로 인해 호흡이 가빠져서 빨리 지치고 목도 쉽게 쉽니다. 평소처럼 호흡하기 어렵다 보니 들이쉬고 내쉴 때의 호흡이 얕아지는 탓에 숨이 차서 서두르게 되고 발음이 꼬입니다. 이제 와 돌이켜보면 실수에 대한 두려움과 악순환은 모두 스스로 만들어내고 있었다는 생각이 듭니다.

나쁜 자세는 백해무익합니다.

힘을 빼고 척추를 늘리고 턱을 가볍게 당겨보세요. 양어깨는 내리고 견갑골을 펼치도록 의식합니다. 가뜩이나 현대인의 팔과 어깨는 컴퓨터와 스마트폰을 장시간 사용해 항상 앞으로 나와 있는 상태입니다. 흔히들 바른 자세는 천장에 달린 실이 머리를 위로 잡아당기는 것 같은 상태라고들 조언합니다. 개인적으로 바른 자세를 유지할 때 이 느낌이 효과가 있다고 생각합니다. TV 프로그램을 녹화할 때 실을 의식하니 정말 효과가 있었습니다.

자세를 바르게 하면 스트레스도 줄고, 긍정적인 성격이 된다는 조사 결과도 있다고 합니다. 압박감이 심해질 때 스스로 '괜찮아!'라고 다독이는 것도 중요하지만 자세를 바로 하고 마음을 다스리면 더욱 효과가 좋습니다.

진심으로 몸과 마음과 목소리는 연결되어 있다고 생각합니다. 몸과 마음과 목소리가 이루는 삼각형에서는 어느 하나가 좋아지면 다른 두 가지에도 분명히 좋은 영향을 미칩니다. 가장 쉬운 방법으로 먼저 몸과 자세를 하나로 봅니다. 필요한 것은 의식뿐입니다. 평소 습관이 되어 있지 않으면 중요한 순간에 몸과 마음과 목소리를 하나로 연결하기 어렵습니다. 그러니 지금 이 순간부터 자세를 바르게 해보길 바랍니다. 소리의 흐름이 좋아지고 정돈된 인상을 주며, 건강에도 좋습니다. 그렇게 되면 목소리의 상태도 좋아지고… 좋은 일이 계속해서 일어나는 계기가 됩니다.

마치며

한발만 내디디면
기분 좋은 대화가 시작됩니다

☺ 일을 마치고 집에 돌아가는 길을 혼자 걸을 때 문득 '긴장도 잘 하고, 겁도 많으면서 말하는 일을 직업으로 삼고 있구나' 하고 자신을 돌아보게 되는 때가 있습니다.

많은 분이 저를 여기까지 이끌어주었습니다. 저 혼자서 이룬 일은 아무것도 없습니다. 항상 아낌없는 응원을 보내주는 친애하는 청취자, 시청자 여러분. 저 혼자 아무리 떠들어봤자 받아주는 사람이 없다면 일방통행의 혼잣말에 지나지 않습니다. 지금까지 20년 동안 같은 시간을 공유해주셔서 진심으로 감사합니다.

훌륭한 제작진에게도 많은 도움을 받았습니다. 학생 시절 DJ 콘테스트에서 연을 맺어 얼굴이 하얗게 질린 상태로 데뷔 날을 맞이한 그날부터 지금까지 계속 함께하는 FM BIRD의 동료들. 셀 수 없을 정도로 많은 실수를 저지른 신인 시절부터 지금에 이르기까지 '자유롭게 하고 싶은 대로 해주세요'라며 아낌없이 기회를 준 모든 제작 관계자 여러분께 이 자리를 빌려 20년분의 감사 인사를 전합니다.

무슨 일이 있어도 묵묵하게 뒤에서 지원해준 남편. 그리고 사랑하는 딸. 너에게 매일 많은 것을 배우고 있단다. 긍정적인 인생의 선배이자 존경하는 아버지. 고민이 생겼을 때마다 따뜻한 미소로 응원을 보내주는 어머니. 어디에서나 모두를 미소 짓게 하는 분위기 메이커 시어머니. 늘 덤벙거리는 저를 미소를 잃지 않고 차분하게 만나주신 출판사 사장님과 편집 스태프 모두의 도움이 있었기에 책을 완성할 수 있었습니다.

마지막으로 이 책을 보고 계신 여러분, 감사합니다. 책을 다 읽고 난 후에 '나도 할 수 있겠다'는 생각이 드셨다면 꼭 한 번 실험해주시길 바랍니다. 조금이라도 앞을 향해 한발 내디뎌보면 생각만큼 어렵지 않은 일들로 세계는 가득 차 있습니다. 이 책이 여러분의 기분 좋은 인연을 만드는 계기가 된다면 더할 나위 없이 기쁠 듯합니다. 감사합니다!

히데시마 후미카

만나면 기분 좋은 사람들의 말하기 비밀

같은 말도 듣기 좋게

초판 1쇄 인쇄 2018년 4월 20일   초판 4쇄 발행 2020년 5월 15일

지은이 히데시마 후미카
옮긴이 오성원
펴낸이 연준혁

출판 2본부 본부장 유민우
출판 2부서 부서장 류혜정
디자인 필요한 디자인
일러스트 수신지

펴낸곳 (주)위즈덤하우스 출판등록 2000년 5월 23일 제13-1071호
주소 경기도 고양시 일산동구 정발산로 43-20 센트럴프라자 6층
전화 031)936-4000 팩스 031)903-3893 홈페이지 www.wisdomhouse.co.kr

값 12,800원   ISBN 979-11-6220-360-6 03320

국립중앙도서관 출판예정도서목록(CIP)

같은 말도 듣기 좋게 : 만나면 기분 좋은 사람들의 말하기
비밀 / 지은이: 히데시마 후미카 ; 옮긴이: 오성원. ― 고양
: 위즈덤하우스, 2018
    p. ;   cm

원표제: いい空?を一瞬でつくる 誰とでも?話がはずむ42の
法則
원저자명: 秀島史香
일본어 원작을 한국어로 번역
ISBN 979-11-6220-360-6 03320 : ₩12800

대화법[對話法]

802.56-KDO6
808.56-DDC23   CIP2018011675